鮎友釣りの歴史

江戸から平成まで
友釣りは日々進化する
日本の文化遺産だ。

昭和初期の友釣り最先端装備（『鮎の友釣』佐藤垢石：著／１９３４（昭和９）年、萬有社刊）。当時の友釣り第一人者といわれた随筆家・佐藤垢石（本名：亀吉）４６歳の姿

吉原孝利
鈴木康友

つり人社

序

アユ釣りのなかで、いや、世のあらゆる釣りのなかで
〝生きた魚を使って魚を掛ける〟という他に類のない釣趣で我々を魅了するアユの友釣り。
この釣りはいつ、どこで生まれ、
どのような経路をたどって現在のスタイルへと発展をとげたのだろうか。
釣り人にとって興味尽きないこのテーマを
おそらくは古来初の試みとしてわかりやすく一冊の書籍としてまとめたものが本書である。
数ある釣り道楽において〝風流の極み〟と呼べる友釣り。
本書を通じ新たな世界を楽しんでいただければ幸いである。

本書は第2～3章を吉原孝利氏の友釣り紹介ウェブサイト「友釣 酔狂夢譚」(http://www5e.biglobe.ne.jp/~tomozuri/)『友釣の話 友釣の起源と技法 友竿の変遷』の文章をベースに加筆修正、第1、4、5章を金森直治氏、鈴木康友の書き起こし原稿、そのほか『月刊つり人』『別冊 鮎釣り』をはじめとする写真、イラストなどを組み合わせ一冊の書籍として編集したものです。

先ず釣りは風流の道なり

『釣客伝』（三河屋改黒田五柳：江戸末期）

目次

【第1章】鮎図録写真帖

浮世絵と最古の鮎釣り

江戸〜昭和初期

アユの友釣りは世界でも類を見ない日本独自の釣法である。だが、その発祥地や発祥年代には諸説あり、江戸期には各地で行なわれ始めたであろうことを記す文献が現存すること以外は定かではない。残念ながら友釣りとはっきり分かるような作品は見つかっていないが、浮世絵版画から当時の情景を感じ取ることはできる。まずは浮世絵の世界から最古のアユ釣りの姿をひも解いてみたい。

浅瀬の小鮎釣

作：石川豊信（寛保〜安永）

浮世絵の初期、多色刷りになる前の紅摺絵といわれるもの。保存程度はよくないがこの他に現存するものは確認されていない。「浅瀬」の前の文字が消えているがどこで描かれたのだろうか。姉と弟か、それとも恋人？　現在のところおそらくこれが最古のアユ釣り版画といえるだろう

資料提供・解説文＝金森直治

金森直治（かなもり・なおじ）
昭和５年生。愛知県名古屋市在住。我が国随一の釣り文献収集家といわれ、浮世絵をはじめとした釣り関連の収集品は「金森コレクション」として全国に知られる。主な著作に『つり百景』『浮世絵一竿百趣』『絵はがきを旅する（つり人社）』がある。月刊『つり人』で長きにわたって連載を執筆するほか、新聞などにもコラムを連載中

大日本名將鑑
神功皇后
皇后諱ハ氣長足姫尊仲哀帝の后當て諸軍に将として三韓を征し後麛坂忍熊の二王を伐ち親ら万機に莅ミ給ふ
武内大臣ハ紀氏の祖六代の朝に仕へ忠勇の威名和漢に轟く
此処に図するハ征韓出陣の際皇后大臣を供して筑前の海岸に鮎を釣りて
武内宿禰
南金六丁目十四番地 画工 月岡米次郎
小舟町一丁目十一番地 出版人 熊谷庄七

江戸名所　多摩河の里　作：初代広重（安政５年）

女性たちは水仕事。釣り人たちも軽装だから初夏であろう。しかし富士山にはかなり雪が残っている。おそらく広重サンが目立つようにサービスしたのであろう。多摩川のどのあたりか、150年ほど前の姿である

（右ページ）

大日本名将鑑　神功皇后

作：月岡芳年（明治 11 年）

女性アングラーのルーツ。神功皇后伝説の有名な場面で、九州松浦で戦運を占ってサオを振ると見事なアユが掛かったという。「やったぁ」と叫んだのは名将といわれる武内宿弥（たけのうちのすくね）である。アユ釣りでは最も古い伝承であろう

（右）

納札　神功皇后　作：不明（昭和２年）

千社札から発展しグループで製作し交換する趣味となった納札。東都納札会と称しこの時の会主は「大門・東作」である。さすがに竿師 20 枚の「釣り尽くし」で神功皇后が「連初」。最後は海彦山彦で「連止」となる

（左）

納札　玉河鮎釣　作：不明（昭和２年）

10 × 14㎝ほどのささやかなものだが絵は確か。浮世絵師の最後の仕事であろうか。下に並ぶのは会員の名前・屋号で、名古屋、京都、大阪の人も見られるがちょっと贅沢な江戸っ子の遊びである

多摩川の鮎つり

作：不明（明治期）

これは明治時代の「彩色絵はがき」と称するもの。当時大流行した新商品で、一流の画家も参加し藤島武二・小林古径など巨匠の名まで残っている。この絵、実景と思われるが遠景の山などから場所は読めるだろうか

多摩川の鮎漁

作：楊州周延（明治 28 年）

お嬢さんたちの遠足であろう。いくら見えていても、いっぱいいても手づかみは無理。向こうの網のおじさんに分けてもらうというのはどうでしょう。こうもり傘の人が引率して来たのだろうか、気をつけてくださいよ

西国名所之内 岩国錦帯橋

作：五雲亭貞秀（慶応１年）

日本を代表する名橋。延宝元年（1673年）の姿が守られ再建され今に続いている。描いた浮世絵は十指を超えるが釣り人（左下にいる）が見えるのはこの作品だけ。この風景の錦川のアユは、きっとおいしいことだろう

粋人たちの鮎旅 知られざる鉄路の記憶

大正〜昭和初期

大正〜昭和にかけての戦前期は、それまで職漁師のものであった友釣りが、富裕層である旦那衆の遊びとして各地に浸透し始めた頃でもあった。

アユの解禁前には旅館や釣り宿がシーズン到来を告げる案内状に趣向を凝らし、遠来の常連客に送付する風流な習わしも。

友釣りファンが着実に芽生えつつあったこの時代、釣り客誘致に熱心だったのは旅館や釣り宿だけでなく、釣り場までの重要な足である鉄道局もそのひとつであった。

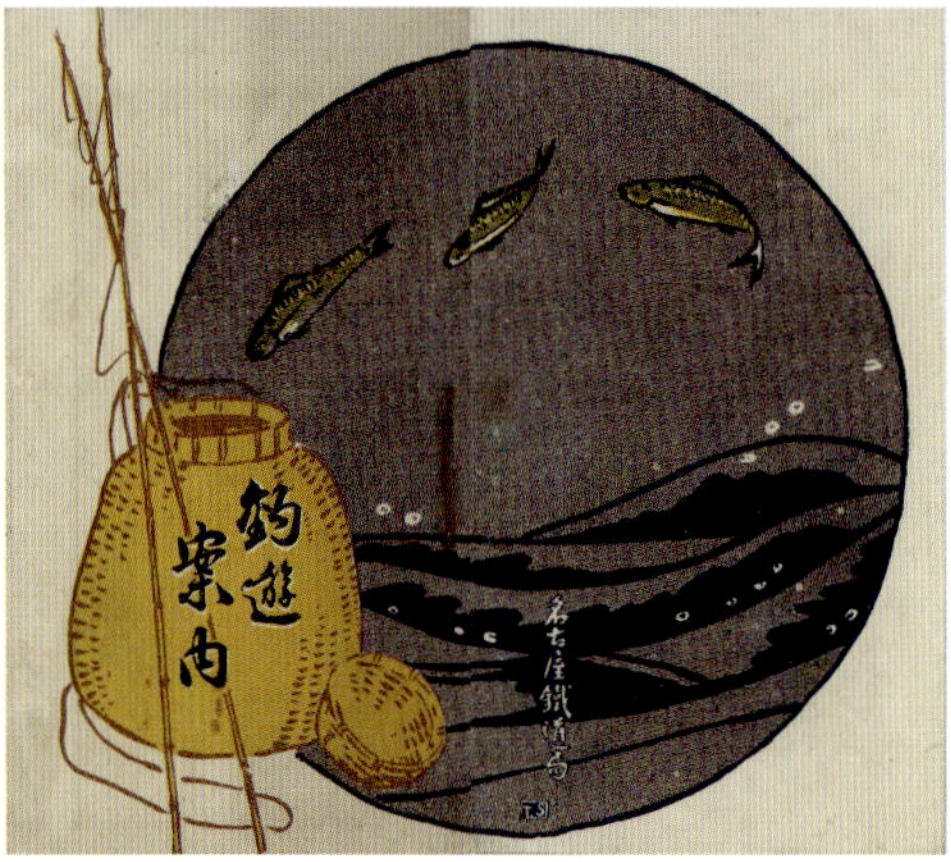

この冊子にはアユの友釣りのほか、渓流釣り、海釣り、野池釣りなど、釣りの案内は多岐にわたる。現在にないハイセンスな図案が秀逸

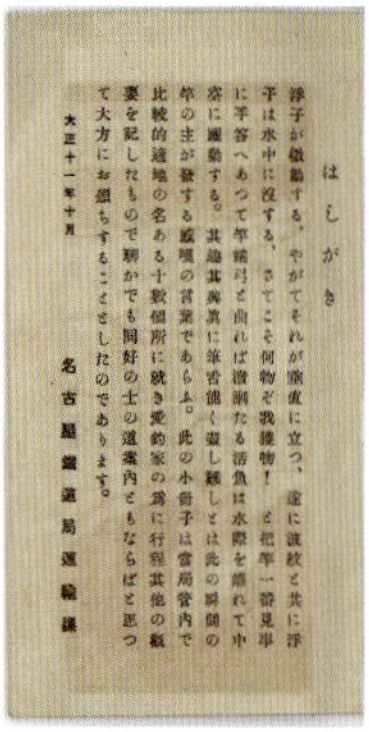

はしがき

浮子が微動する、やがてそれが垂直に立つ、遂に波紋と共に浮子は水中に没する、さてこそ何物ぞ我獲物！と把竿一番見事に手答へあつて竿端弓と曲れば潑溂たる活魚は水際を離れて中空に躍動する。其趣其興眞に筆舌盡し難しとは此の瞬間の竿の主が發する感嘆の言葉であらふ。此の小冊子は當局管内で比較的適地の名ある十數個所に就き愛釣家の爲に行程其他の概要を記したもので聊かでも同好の士の道案内ともならばと思つて大方にお頒ちすることとしたのであります。

大正十一年十月

名古屋鐵道局運輸課

釣り人なら誰もが心を鷲掴みにされるであろう、アタリがきた時の情景を冒頭に使うあたりがニクイ

名古屋鉄道局が釣り客誘致のために作った大正時代の釣りガイドブック

冊子には折りたたみ式の名古屋鉄道局管内の釣り場案内図が付く。マップを見ると管内は非常に広範囲で太平洋と日本海の両沿岸が含まれている。釣り場候補は赤字になっており、控えめながら魚マークが付く

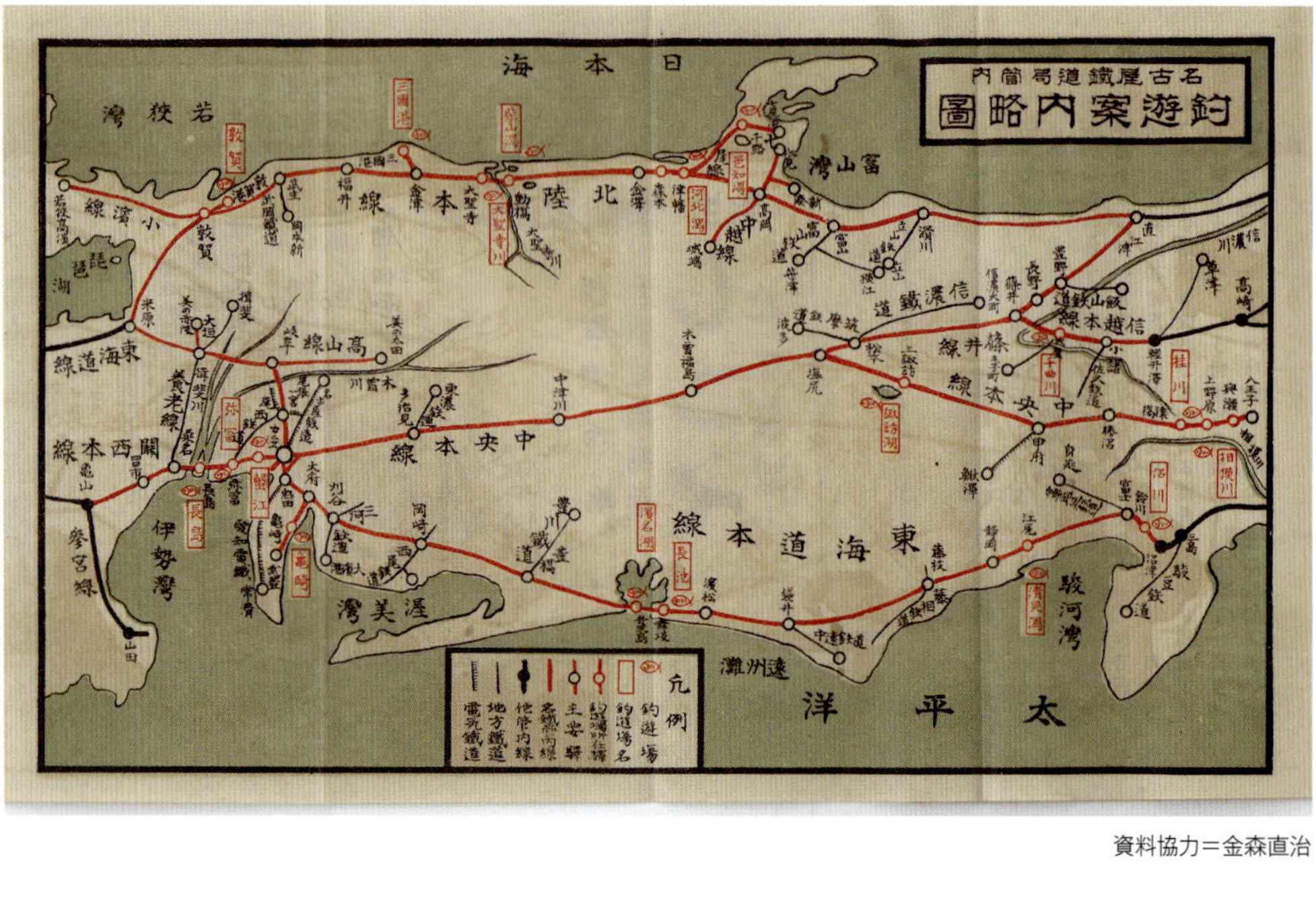

資料協力＝金森直治

東京近郊の人気河川・相模川から アユシーズン到来の案内状

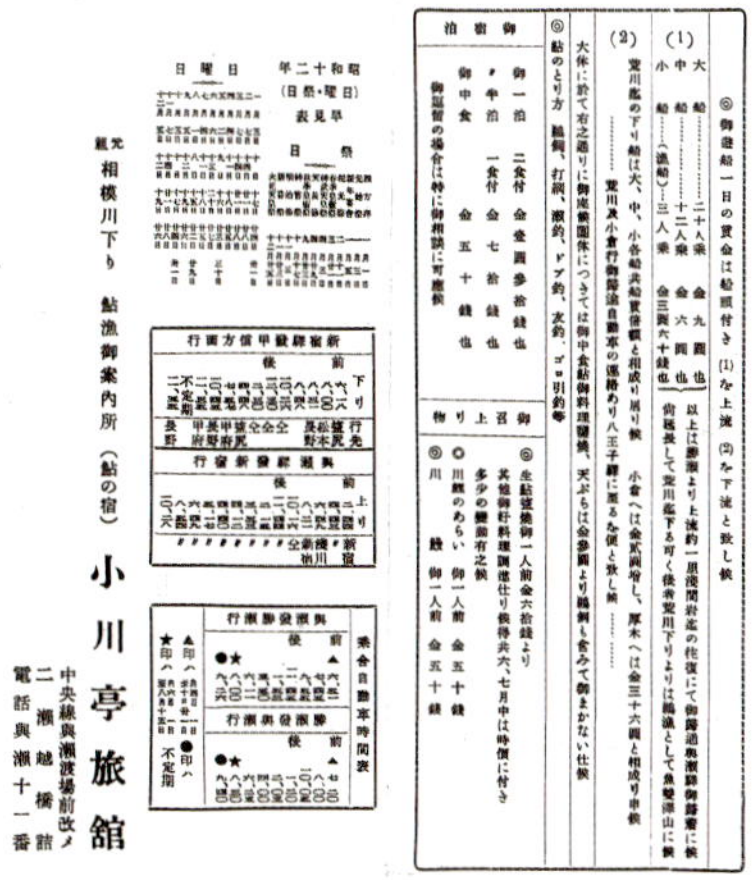

昭和 12 年の釣り宿の料金は 1 泊で 1 円 30 銭。アユの塩焼きが 1 人前 60 銭。当時の大学初任給が 70 円、映画代が 55 銭、あんぱん 1 つが 5 銭なのでやはりアユは高級魚といえる

アユをくわえた鵜の画が風流な、小川亭の釣り案内。今はダムにより相模湖畔に店舗を構える

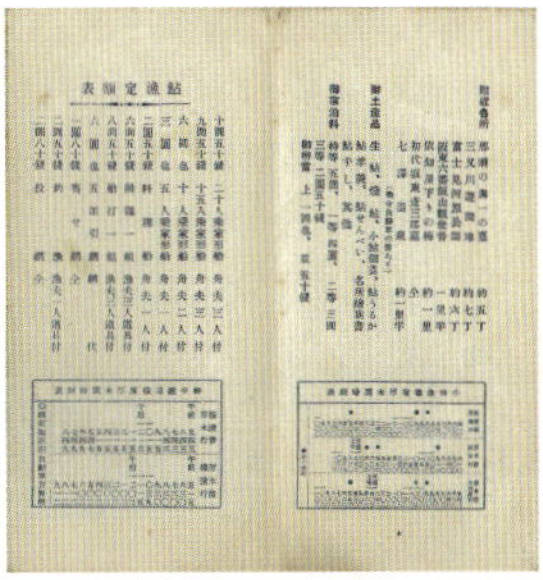

昭和 6 年すでにお土産品に佃煮やうるかのほか、アユ羊羹やアユせんべい、アユずしが揃う

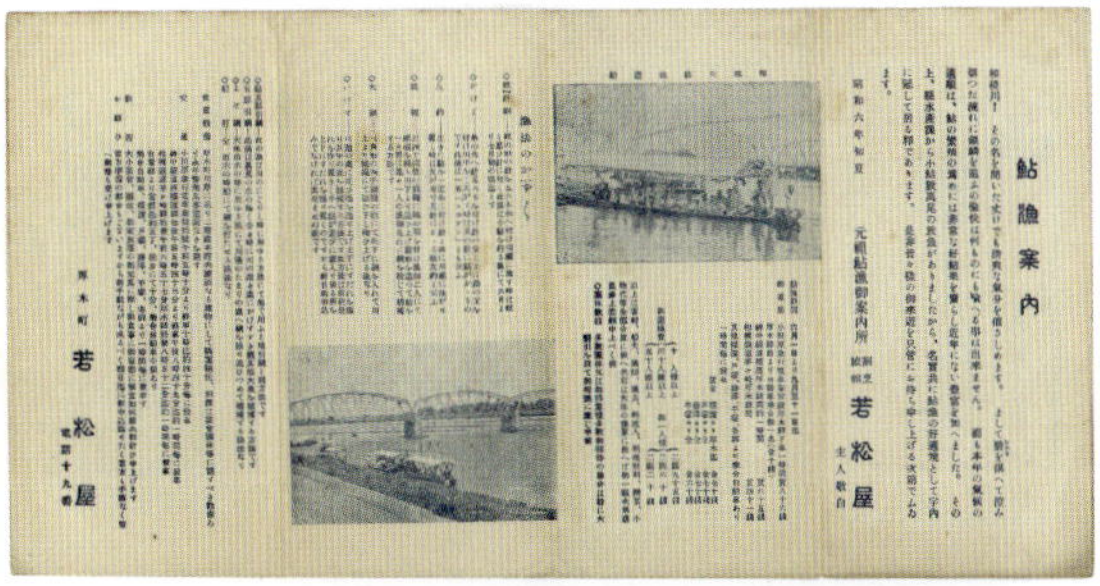

一般の釣り客への誘致はもちろん、ほかにも川漁を見学したあとにアユ料理をいただく団体向けプランも備える。天然遡上に加え、小アユ数万尾の放流があったので今年は期待大ですよ、といった内容のあいさつ文が添えられている

厚木の割烹旅館・若松屋の案内冊子

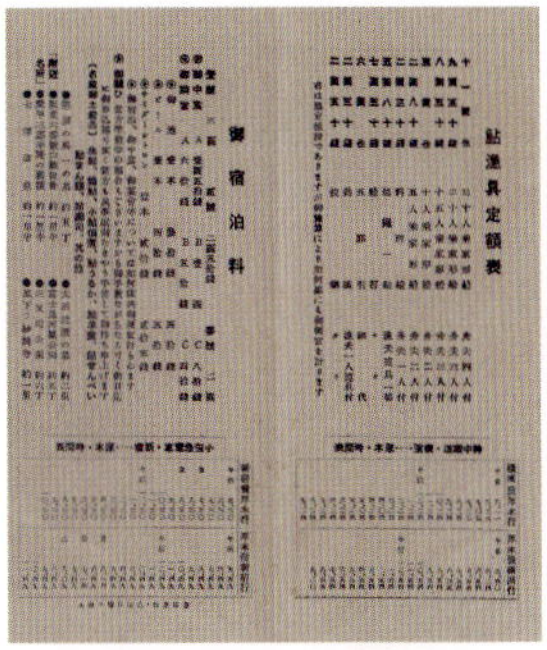

小田急線を利用すれば東京から 1 時間圏内とあって人気の行楽地だった相模川。横浜発と新宿発の時刻表が冊子にも記されている

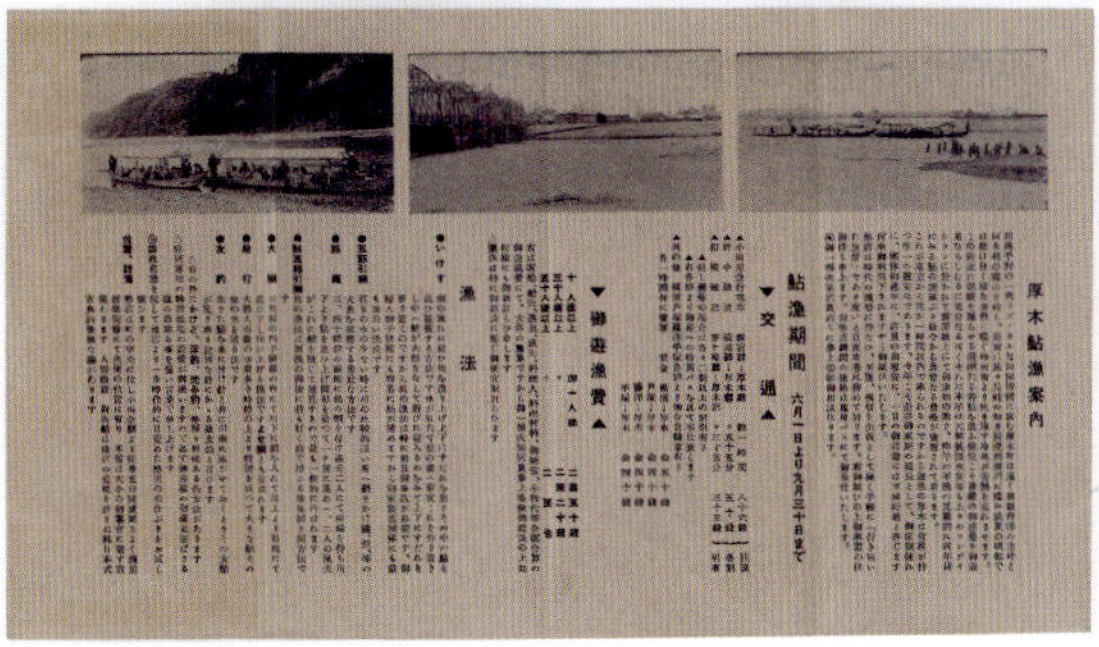

ダム湖ができる前の相模川は、アユ漁が盛んに行なわれていたことが窺い知れる。水量も今よりずっと多いようだ

親切第一を前面にうたう新倉旅館の厚木鮎漁のしおり

釣り書籍誕生と鮎

昭和初期

道具立てから釣り方までを網羅した近代友釣り初の教書といわれるのが、佐藤垢石の『鮎の友釣』（昭和9年／萬有社）である。その後第二次世界大戦を挟み、戦後初のアユ釣り本『鮎釣』（昭和21年／つり人社）が発刊された。狩野川の漁師が広めた近代友釣りスタイルを身に付けようと、当時の旦那衆は何度もページをめくったはずだ。

明治、大正の職漁師的友釣り釣技を引き継ぐ、近代友釣り教書が初登場

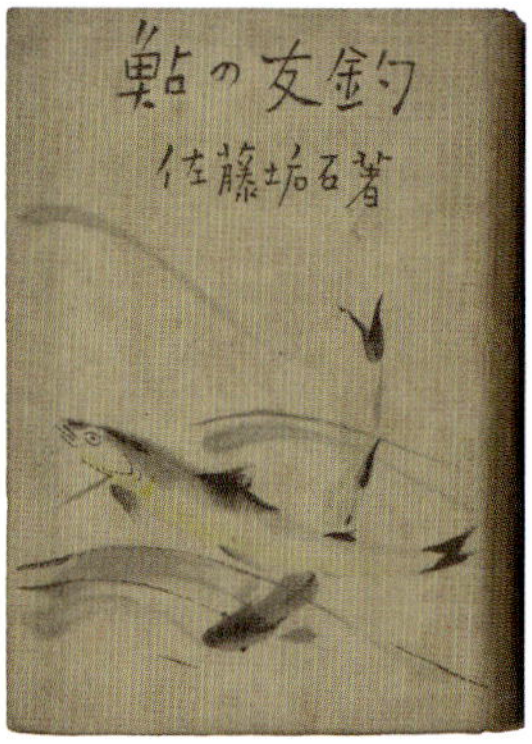

昭和９年、日本国内では巨人軍が誕生し、ドイツではヒトラーによるファシズム全盛の頃、佐藤垢石が『鮎の友釣』を上梓。純粋にアユと遊ぶ人たちの心に響いた一冊

釣り人が鉄道の上客だった頃

文＝金森直治

現在は「JR」。民営化前は「国鉄・国電」もちろん日本国有鉄道の略である。その前の鉄道省が経営する時代は「省線」。さらに鉄道院の頃は「院線」と広辞苑には記されている。

昭和40年頃のマイカー時代の到来までは、私鉄・バスなどと共に国鉄は釣り人にとって不可欠の足であった。裏を返せば釣り人は重要な乗客であった。それだけに誘致・増員には熱心で、宣伝用パンフレット・釣り客割引などの資料が残っている。

「釣り案内」は札幌鉄道局・東京・名古屋・大阪・広島が残っているが、一番立派なのは東京鉄道局でまるで一冊の本のよう。10頁に掲載した「釣遊案内」は名古屋鉄道局が大正11年（1922年）10月に発行したもので、新書判サイズで27頁。アユでは大聖寺川（石川）、桂川（山梨）、相模川（神奈川）、千曲川（長野）が詳しく語られている。

私鉄も負けてはいない。都市周辺の各社は競ってパンフレットを出したが、最も多く内容も充実しているのは大阪の南海電車で、その努力には敬服の他はない。

国鉄名古屋23時20分発の紀勢線準急「新宮」行は、週末になると磯釣り列車といわれた。イシダイザオを担いで尾鷲・二木島・新鹿などへ通った昭和40年頃が懐かしい。あっという間に釣りもマイカーの時代になってしまった。

かつては海でも川でも泊まらざるを得ないケースも多かった。旅館も交通機関や釣り船などとタイアップして、定期連絡として釣況をダイレクトメール（こんな言葉はなかったが）をしきりに送っていた。

昭和12年頃の相模川の鮎漁案内は、興瀬の小川亭・厚木の若松屋・新倉旅館の3種。当時は釣りをだしにして×××なんてけしからぬ紳士（？）もなかにはいたようだが、それはさておき案内状に書かれた交通の欄には、

小田急　新宿駅→厚木駅60分86銭
神中鉄道　横浜駅→厚木駅55分50銭
相模鉄道　茅ヶ崎→厚木駅35分33銭

とあり、料金は往復である。小田急厚木しか知らなかったが、ほかにも私鉄があったらしい。とにかく関東では屈指のアユ釣り場であった。

江戸っ子の声の飛び交ふ鮎の宿　直治

昭和21年に発行された戦後最初のアユ釣り本『鮎釣』。道具、仕掛け、釣り方といった友釣りで必要なノウハウが網羅されている

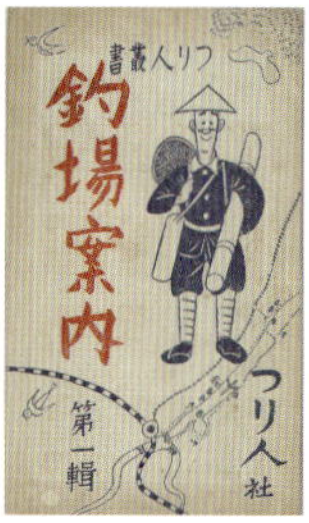

『鮎釣』同様、昭和21年に発行された『釣場案内』。各釣り場のアクセスやオススメのポイントが詳細に書かれている

昭和23年発刊『鮎のつり方』。ドブ釣りに始まり関東と関西の友釣りをそれぞれ紹介。友釣りの秘訣についてこの本では「オトリを絶えず活動させ、アユがオトリを追っているか否かの区別を正確に感じ、そして辛抱することである」と書かれている

『つり人』に見る友釣りの昭和

昭和21年の創刊から60余年にわたり粋人に愛され、日本の釣りの「今」を独自の視点で切り取る総合釣り雑誌『月刊つり人』。

その創刊号は他ならぬアユ友釣りの表紙。特集記事としても目を見張る内容が掲載されている。いわば戦後の釣り雑誌は友釣りから始まり、アユは日本の山河復興の原点となるにふさわしい釣魚であったといえるだろう。

各時代を彩った鮎にまつわる『つり人』を通じ、懐かしの昭和を振り返ってみたい。

昭和20年代（1945～1954年）

終戦翌年に産声をあげた『つり人』はアユのイラスト表紙から始まった。以来『月刊つり人』は毎年6～8月号に友釣りシーンが表紙を飾るようになる。釣り場までの交通手段が鉄道メインだった当時はまだ一般的なレジャーとは呼べず、時間と経済的に余裕のある人だけが楽しめる旦那衆の娯楽として友釣りは存在したようだ。アユ河川の多くがダムなどの人工物や開発が行なわれる前の時代、アユの鮮度を落とさず運ぶのが難しい流通事情もあり、アユは「超」が付くほどの高級魚であった。そんな高級魚を釣る当時の釣り姿は、半ズボンか股引あるいは褌一丁で素足にワラジというのがスタンダード。そのため長時間立ち込まず、岸近くでサオの届く範囲を探るのが主流だった。

【昭和23年7月号】

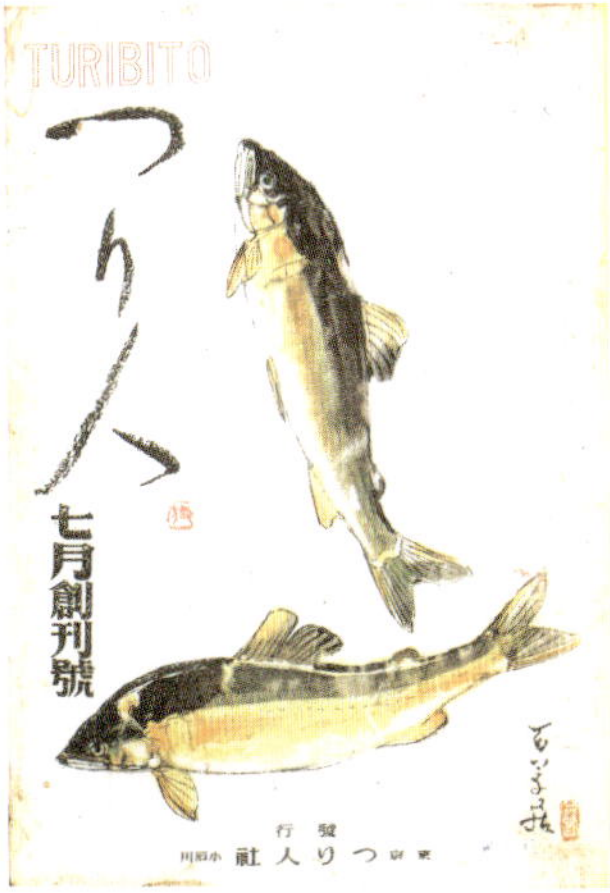

【昭和21年7月創刊号】
画は岸浪百艸居

【昭和28年6月号】

【昭和27年6月号】

【昭和26年6月号】

【昭和 21 年 7 月号／狩野川に立つ佐藤垢石の釣り姿】

写真右側でサオを持つのが佐藤垢石。国民服と思われる服装が時代を感じさせる。上州生まれの彼は狩野川に立って何を想ったのだろうか

【昭和 21 年 7 月号／静岡県狩野川】

かなりの軽装である。長時間の立ち込みができきなったのもうなずける

【昭和 26 年 6 月号／静岡県狩野川】

急流を向こう岸へ渡ろうとしている。友釣りの聖地、狩野川でのワンシーン

『つり人』に見る友釣りの昭和

【昭和 29 年 6 月号／天竜川散見】

往時の天竜川はどれほど釣れただろうか。タイムマシンで行ってみたくなる風景だ

【昭和 29 年 6 月号／釣り場へ向かう車中のようす。群馬県神流川】

サオを抱え談笑する紳士の服はパリッと決まっていてまさに旦那衆の装い

【昭和 29 年 6 月号／まず一匹。岐阜県白河】

当時の写真には手ぬぐいを首に巻く人が多い。昭和以前から続く友釣りスタイルのひとつといえる

昭和30年代
(1955 ~ 1964 年)

ヒット映画『ALWAYS 三丁目の夕日』の世界に描かれたように、フラフープ、ダッコちゃん、インスタントラーメンにスーダラ節、白黒テレビ、電気洗濯機、電気冷蔵庫といった三種の神器など、驚くほどのスピードで経済復興を遂げていった昭和30年代。30年代後半にはプロ野球で長嶋茂雄が、大相撲では大鵬が大活躍。カメラのフィルムにカラーが登場したのもこの頃である。アユの友釣りではグラスロッドが登場し、少しずつ一般人も友釣りを楽しめる環境が整い始めた。また当時の釣り広告はカタログ的要素も持っているため、釣りを知る貴重な資料でもある。

『つり人』に見る友釣りの昭和

【昭和 30 年 8 月号／アユ小景】

【昭和 35 年 8 月号／長野県千曲川】

【昭和 39 年 8 月号／東京都奥多摩】

【昭和 32 年 8 月号／栃木県那須塩原箒川】
友釣りシーンを俯瞰で見せた当時としては珍しいアングル

【昭和 30 年 10 月号／静岡県狩野川矢熊橋上流にて】

素足にワラジなのでできるだけ川に浸からないような立ち方が基本。スゲ笠と短パン姿の軽装がスタンダード

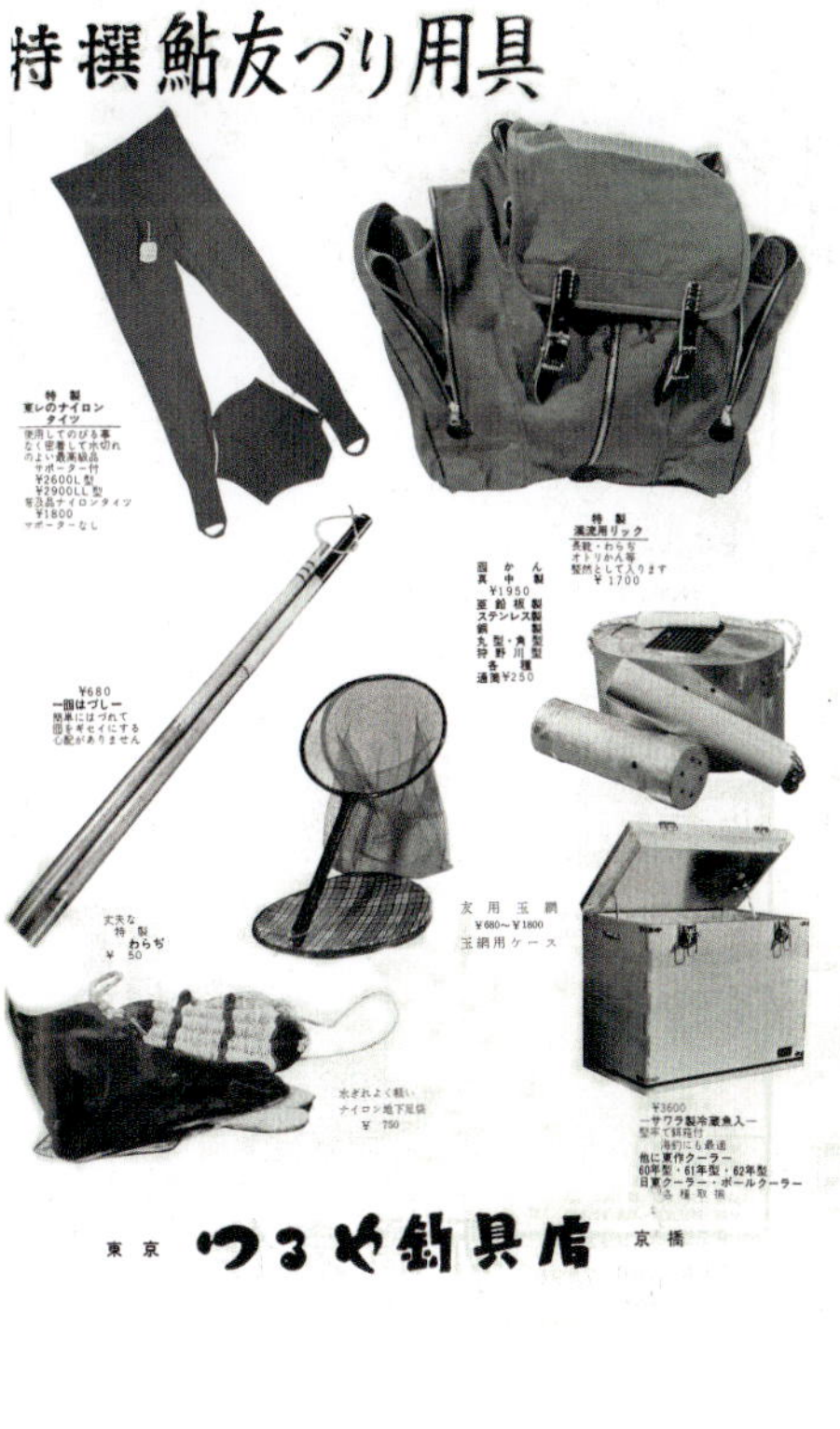

【昭和 35 年 7 月号／広告】

当時の広告を見れば最新装備が分かる。昭和 35 年頃はタイツに地下足袋にワラジがスタンダードだったようだ。フェルトソールが普及するのは 10 年以上あとのことである

【昭和 36 年 5 月号／広告】

『つり人』に見る友釣りの昭和

【昭和 37 年 8 月号／長野県千曲川】

ほとんど裸同然の男の手にはかなりの良型が

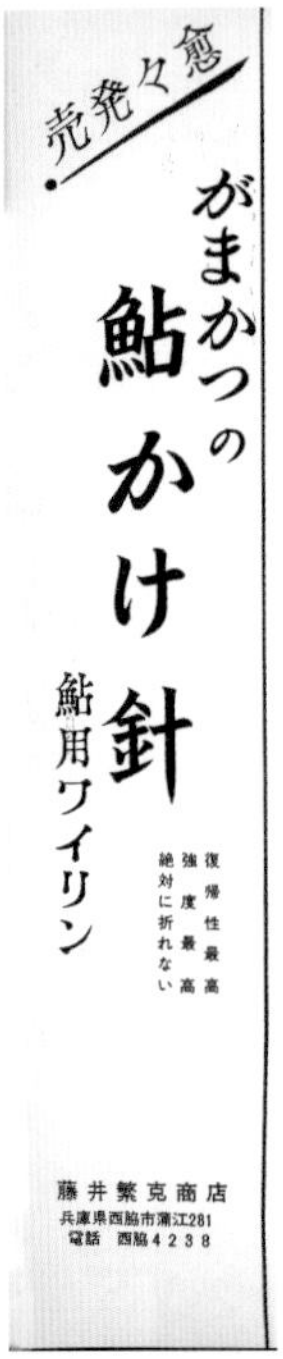

【昭和 37 年 6 月号／広告】

がまかつのアユ用掛けバリの広告。キャッチコピーが目をひく

【昭和 33 年 8 月号／岐阜県馬瀬川】

馬瀬川で大アユとやり取り中のカット。サオの曲がりからどれほどの良型が掛かっているのか想像力をかき立てられる

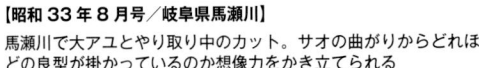

昭和40年代
（1965～1974年）

アイスが10円で買える時代にカップヌードルが100円の値段をつけ、みんながその高さに驚いていた一方で、アユザオ初のカーボンロッドは何と当時の大学初任給を超える5万円以上の値で登場した。高度経済成長期の真っ只中ではあったが、一般家庭の多くがカラーテレビを購入したのは40年代後半に入ってからのことで、カーボンロッドは高嶺の花。だが友釣りファンの誰もがその軽さに大きな夢を見た。

【昭和48年7月号／静岡県狩野川】

赤のハットとタモがアクセントになった当時の前衛的な友釣り姿!?

【昭和44年6月号／静岡県狩野川】

釣り人はつり人社２代目社長の竹内始萬

【昭和42年8月号／岩手県雫石川】

夏まっ盛りの追いがよく、味もよいアユが並ぶ。何とも贅沢なひととき

【昭和45年6月号／長野県千曲川臼田町付近】

釣り用のチョッキを身に付けるのがひとつのトレンドとなる

『つり人』に見る友釣りの昭和

【昭和 47 年 8 月号／盛期の静岡県狩野川】

【昭和 42 年 8 月号／岩手県雫石川。独特のまんじゅう笠が並ぶ】

【昭和 43 年 8 月号／青森県追良瀬川】

【昭和45年6月号】
竹とグラスを合わせた時代を象徴するサオの広告も

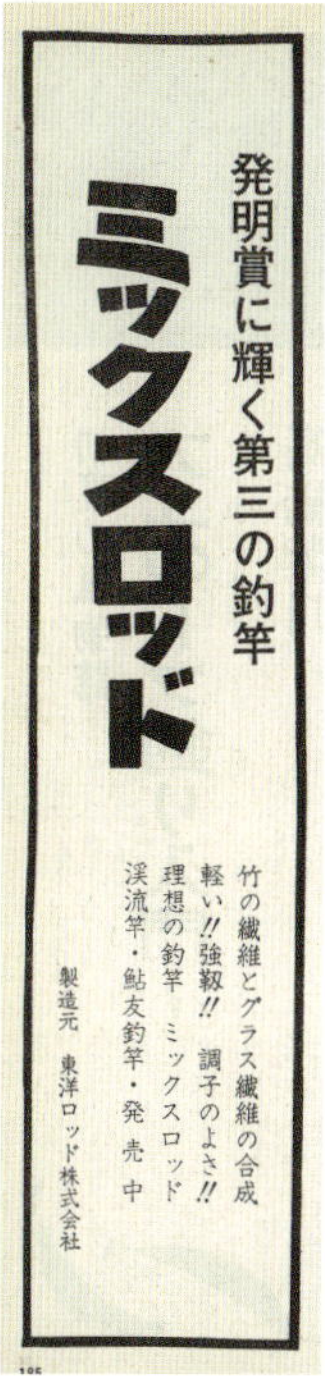

【昭和47年7月号】
がまかつのアユ掛けバリ。キツネ、矢島、長良型、逆バリがラインナップ

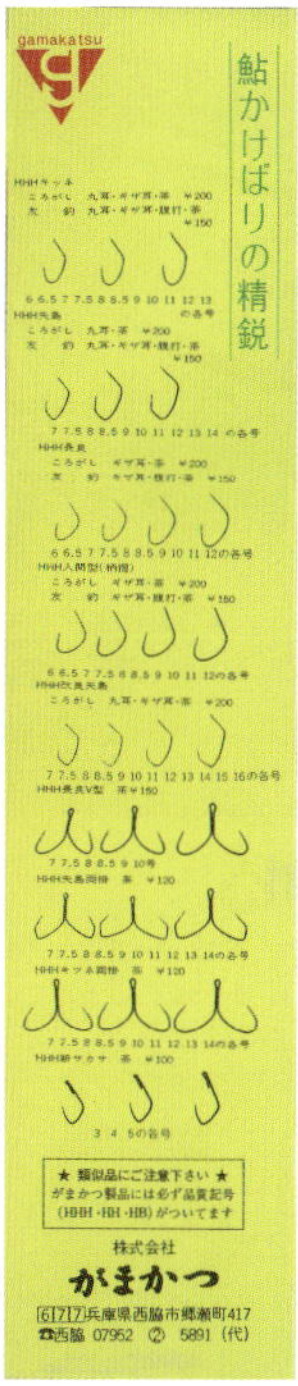

オリムピック釣具が業界初の友釣り用カーボンロッドを発表したのは昭和47年。グラファイトが一般的な価格に落ち着いたのは昭和50年代に入ってから。写真の広告は昭和51年7月号より

サオは竹からグラス、カーボンへ移行する一大転換期。新製品が次々と登場し、広告もにぎやかだった

【昭和46年7月号】
ダイワの最新グラスロッド。友専用『たにかぜ』7.2mで自重770g

【昭和45年7月号】
最先端グラスロッドの広告。この2年後にオリムピックはカーボンロッドを発表する

昭和50年代
(1975～1984年)

昭和50年代初頭、各社から友釣り用カーボンロッドが続々と登場し、業界にセンセーションを巻き起こした。50年代中頃「泳がせ釣り」「オバセ」といった言葉が全国共通語になる。そして50年代終盤、従来の常識を覆す「引き抜き」や「メタルライン」が全国に広まった。タックルの進化と競技会の発展によって友釣りは革命的な変化を遂げた。

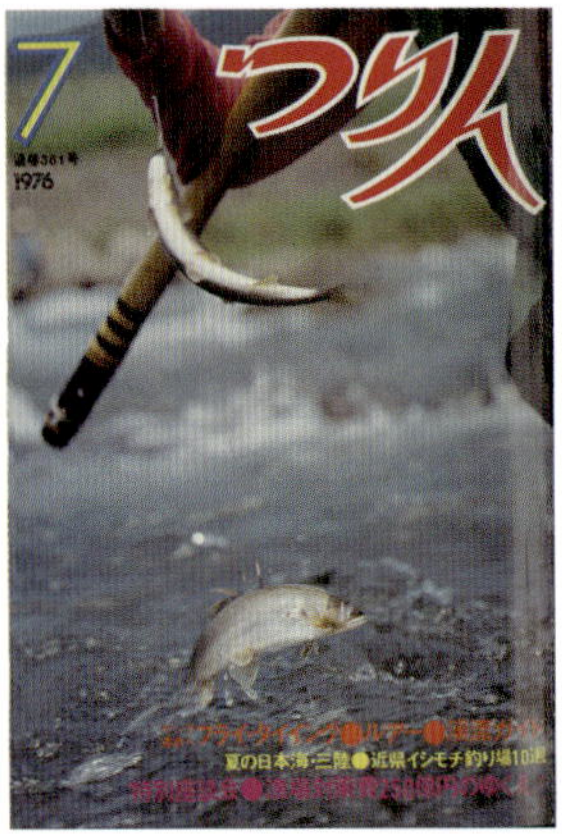

【昭和51年7月号／静岡県狩野川】

【昭和50年7月号／神奈川県箱根町早川】

【昭和56年7月号／静岡県狩野川】

【昭和58年7月号／アユ香るシーズン幕開け】

【昭和55年8月号／静岡県狩野川】

緑際に釣る、伊豆狩野川の友釣り(当時の解説より)。この川から近代友釣りの技術が広まった

【昭和 52 年 7 月号／静岡県狩野川】

解禁日に釣れたアユ。手前にあるのは狩野川型のオトリ缶

【昭和 52 年 7 月号／静岡県狩野川】

解禁日の狩野川での取り込みシーン。引き抜きがまだ広まる前のこの時代は、取り込み時は引き寄せてからイトをたぐるのが基本だった

『つり人』に見る友釣りの昭和

【昭和 58 年 9 月号／埼玉県荒川】

関東近郊河川での解禁日はアユ釣り激戦区という名のとおり、特有の張りつめた空気感があった

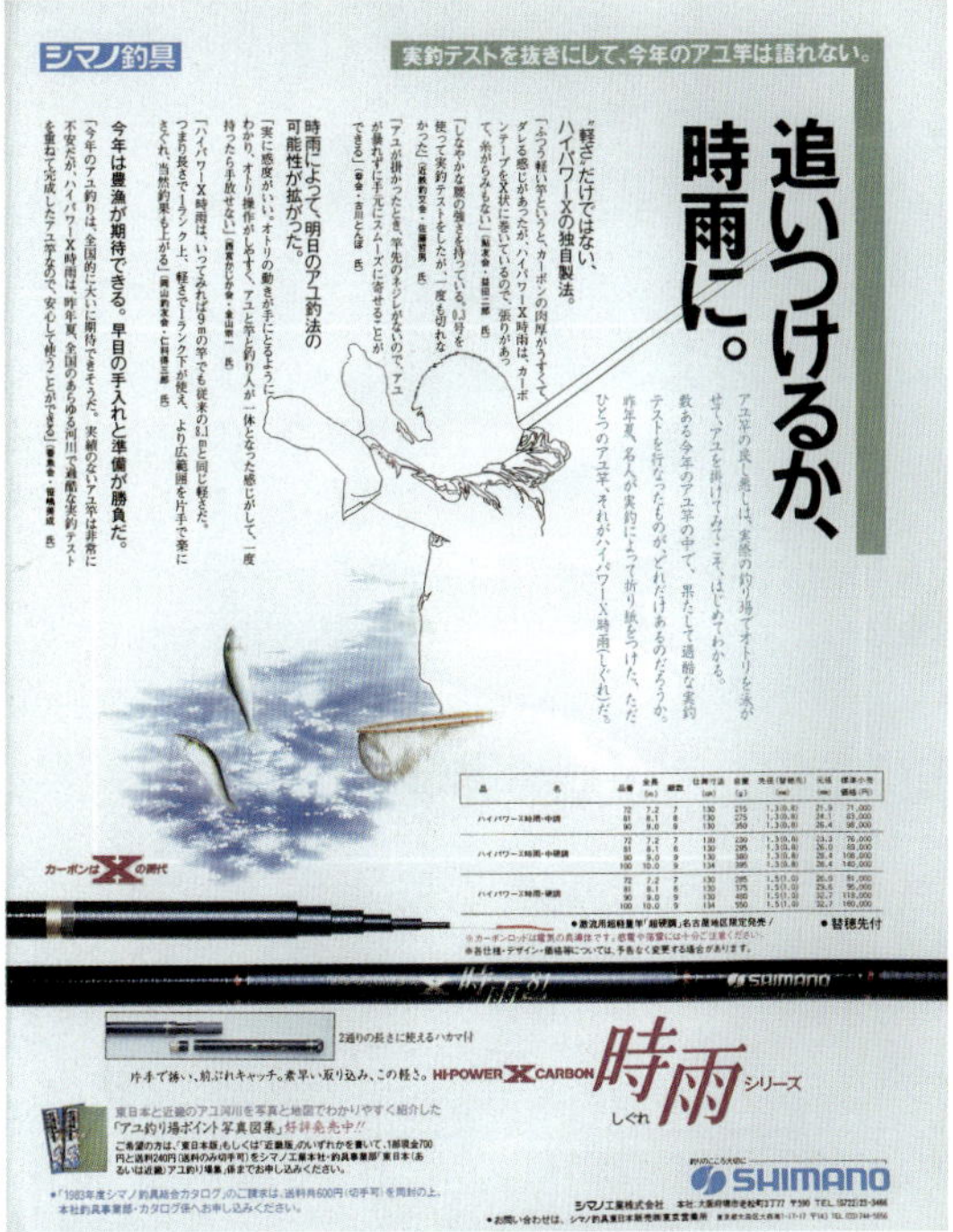

【昭和 58 年 7 月号／広告】

シマノのカーボンロッド『ハイパワーX時雨』の広告。テスター数名の証言を載せて製品に説得力をもたせている。軽さだけでなく、＋αの機能もうたっていた

昭和60年～

タックル＆釣技のハイスピード進化時代に突入した最新友釣りシーンを伝えるべく、総合釣り雑誌から独立し、別冊という新たな展開を切り開いた『別冊 鮎釣り』。1985年に産声を上げた友釣り専門誌の表紙と広告から各時代の熱い息吹が感じられるはずだ。

鮎釣り2008
現代「挑発遊泳」原理
夏の天然遡上
108&127尾の追力!
鮎釣り2006
今年も「ここ一ん」と入れ掛かり!!
悠々自適のマイ鮎ライフ
鮎釣り 2002
尺を求めて
列島大鮎グラフィティ!
鮎釣り'98
全国18河川徹底ガイド集
鮎釣り 2009
鋭気活力フル充填!
黄色い元気鮎
河川
熱鮎浪漫
競技会王者の隠し玉
オモリ使いの新力学
鮎釣り2007
極楽の鮎旅
ネオ泳がせの威力
鮎釣り 2003
主藤秀雄のスーパーウエポン ヒストリー
特集 瀬釣りの花道
時代はオモリ釣り
東北の夜明け
帝王 村田満
鮎釣り'99
鮎釣り 2010
追星全開の夏。
Since 1985
プレイバック『鮎釣り』
祝!創刊25周年
特集1 極上鮎を旅する
入れ掛かりをたずねて三千里
特集2 釣果に差が付くオトリ操作の新知識
ハイブリッド・オバセを使いこなす
鮎釣り 2004
鮎竿新時代!
鮎釣り 2005
入れ掛かり四十八手
鮎釣り200
2000年仕様・名手のベストの
鮎釣り
アユで暮らす男、野間清の夏。
70'sの革命児

【鮎釣り '90】

【鮎釣り '91】

【鮎釣り '91】

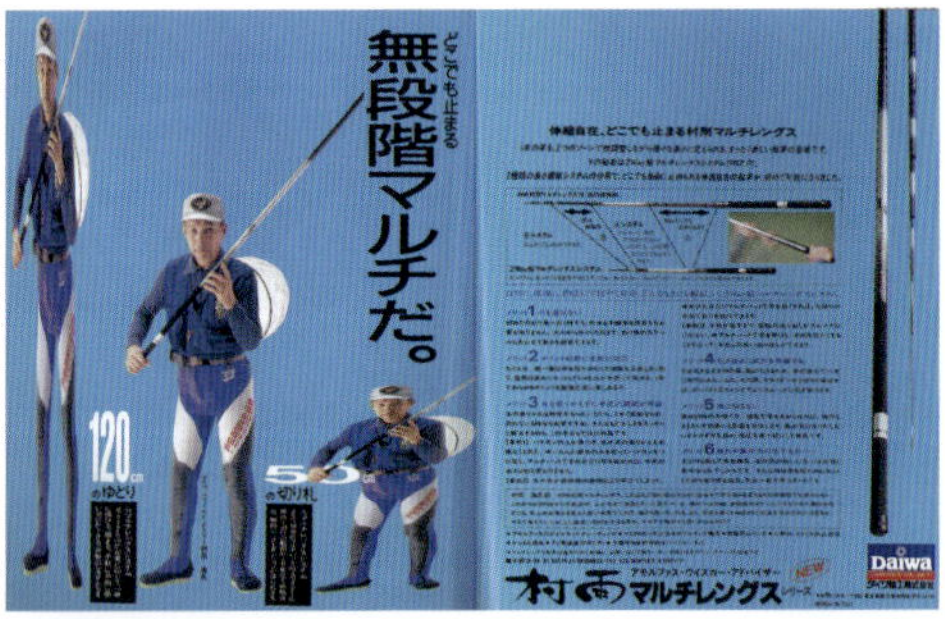

【鮎釣り '90】

【鮎釣り '89】

【鮎釣り '90】

【鮎釣り '91】

【鮎釣り '88】

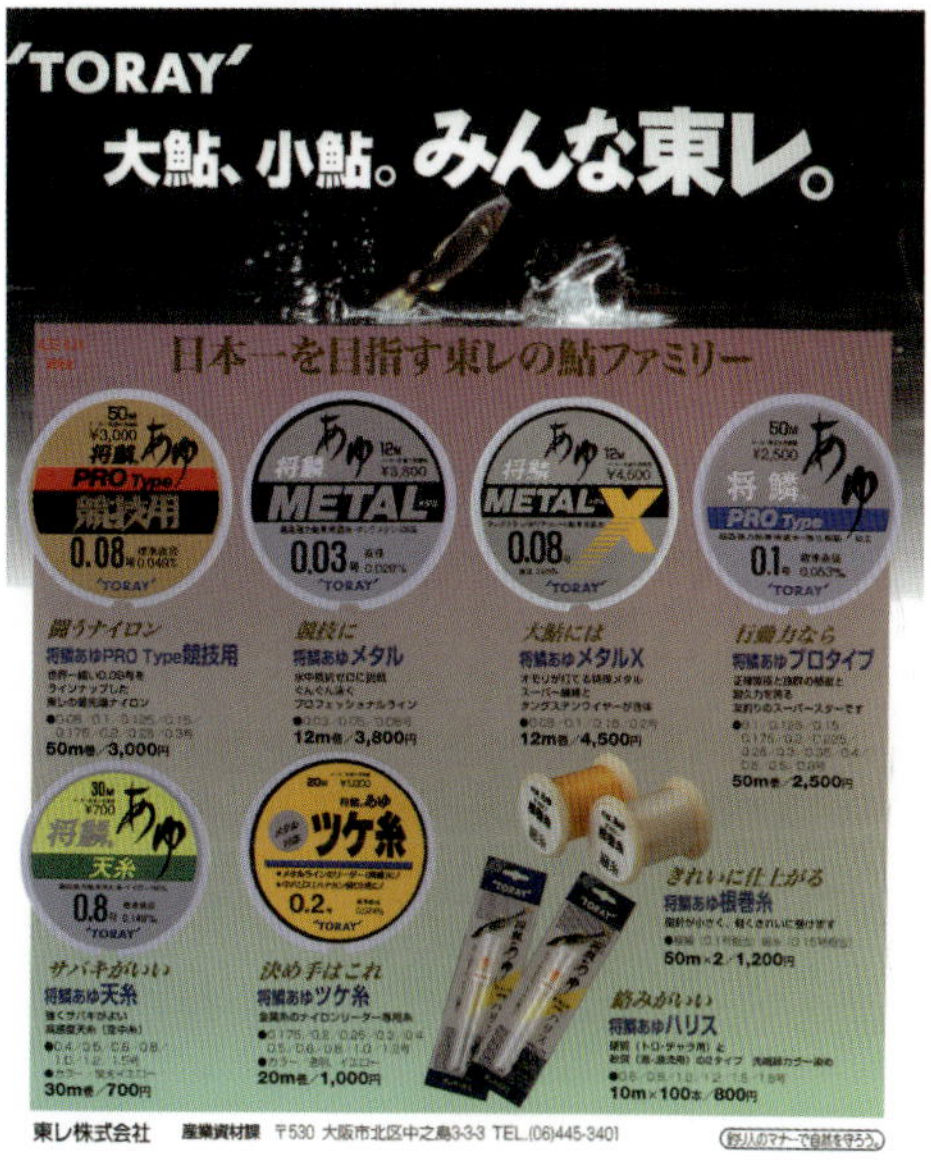

【鮎釣り '95】

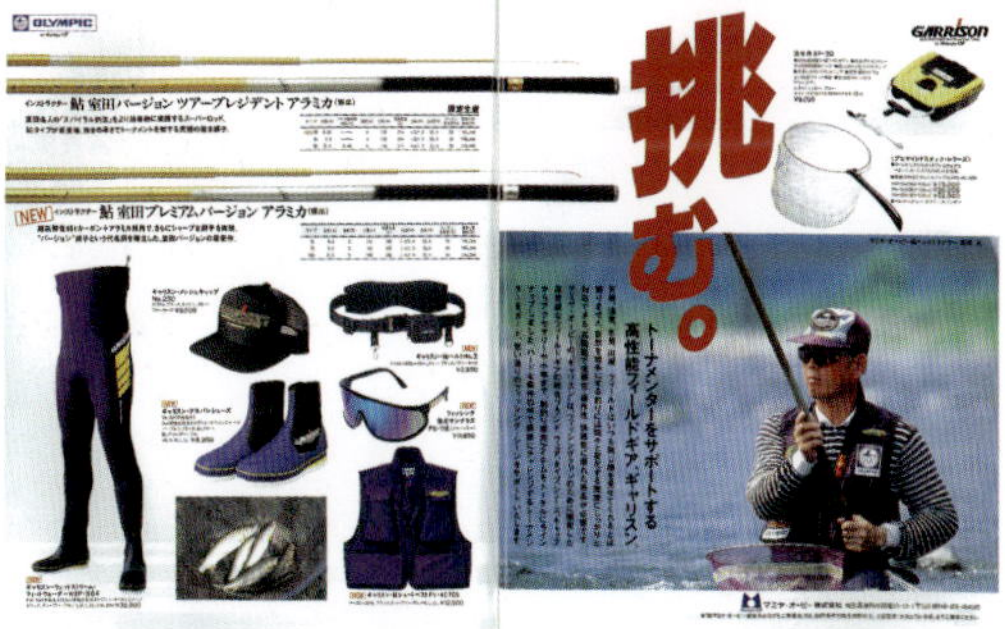

【鮎釣り '95】

【鮎マスターズ27】

【鮎釣り2013】

【鮎釣り '88】

そして友釣りはこれからも進化を続ける……

竹竿主義 古典鮎釣具の愉しみ

およそ40年前に誂えた友釣り用具一式を今も使い続ける野口四郎さん。「友釣りを始めた頃に感じた道具の〝味わい深さ〟をいつまでも感じていたくて」というのがその理由。釣り姿は近代友釣り史をうかがい知ることができる昭和40年代そのもの。今夏も竹ザオを手に、扱い慣れた道具を身に付け、オールドスタイルで川に立つ。

昭和40年代初頭、20代で「日本友釣り同好会」という釣りクラブに入会した野口四郎さんは、キャリアのある諸先輩のアドバイスをもとに、サオや通い筒といった当時友釣りに必要な用具一式を揃えていった。「清水の舞台から飛び降りました」と話すとおり、サオ1本が当時の大学初任給の5倍ほどだったというから初期投資としてはかなりのもの。高級和竿「汀石」を含め、野口さんの揃えた用具はみな、その本気を示すものばかり。

しかしすぐに目まぐるしい変化の時代がやってきた。グラスロッドが登場し、その数年後にはカーボンロッドの衝撃的なデビューによって、それまでの和竿一色からみんながカーボンロッドを持つ時代になる。それに合わせてイトは細く強くなり、サオは細く軽く進化を遂げ、年々扱いやすくトラブル知らずで便利になる各種アイテムに目を奪われながらも、好んで手を出すことはせず、それまでのスタイルを貫いた。

シルバー世代となった現在は、友釣り同好会の中でも竹ザオ常用者は野口さんただひとり。狩野川でも、ほかの川へ遠征に行っても竹ザオユーザーには会ったことがないという。ほとんど絶滅危惧種である。まるで街でクラシックカーを見るかのように二度見されることも珍しくないようで、今ではそんな視線を感じるのがちょっとした快感でもあるという。

「実は私が使っている竹ザオは軽いんですよ。ほかにも8本ほど持っていますが、すべて4間（7・2m）以下と短いので、持ち重り感はありません。メンテナンスもほとんどゼロでいいんです。10年に1回、胴に漆をかけるくらいで、それ以外はしたことありません」

こだわりはサオだけにとどまらない。カモの胸毛を使った自作の目印や、チモトをビニール製チューブで色分けすることでサイズを一瞥《いちべつ》で判断できるように改良したチラシバリなど、随所に自分流を発揮する。

道具には固執するが、若かりし頃のように釣果を最優先することはない。そこそこ釣れて心が満たされれば昼前に帰ることも。釣行日は気が向いた時だけ。そんな釣りを伸びやかに楽しむ、大人ならではのオールドスタイルだ。

野口四郎さん。1947年生。東京都世田谷区在住。三宿の江戸前寿司「金多楼寿司」の店主を務めるかたわら、気が向いた時に狩野川や那珂川に出かける。友釣りのほかハゼやヤマメやタナゴ釣り歴も長い

グラス？　カーボン？
私にとっては
竹竿が一番快適なんですね

昭和54年に誂《あつら》えたという「汀石」。
今も現役バリバリの友ザオ

ここまで変えずにやってきたんですから、
この先もずっと竹竿です。
死ぬまで変える気はありませんよ（笑）

サオは4間（7.2m）、仕掛けの全長を手尻から1ヒロほど長く取ってオトリを操る

こちらは昭和53年作の同じく「汀石」。いまだ曲がりグセも一切ないという

使い続けるうちに下地のイトがうっすらと透けて見えてくると道具としての味わい深さが増す「タメ塗り」

掛けバリはチラシを使用。ハリの大きさを一目瞭然で判別するために、チモトに色付きのチューブを留めてある

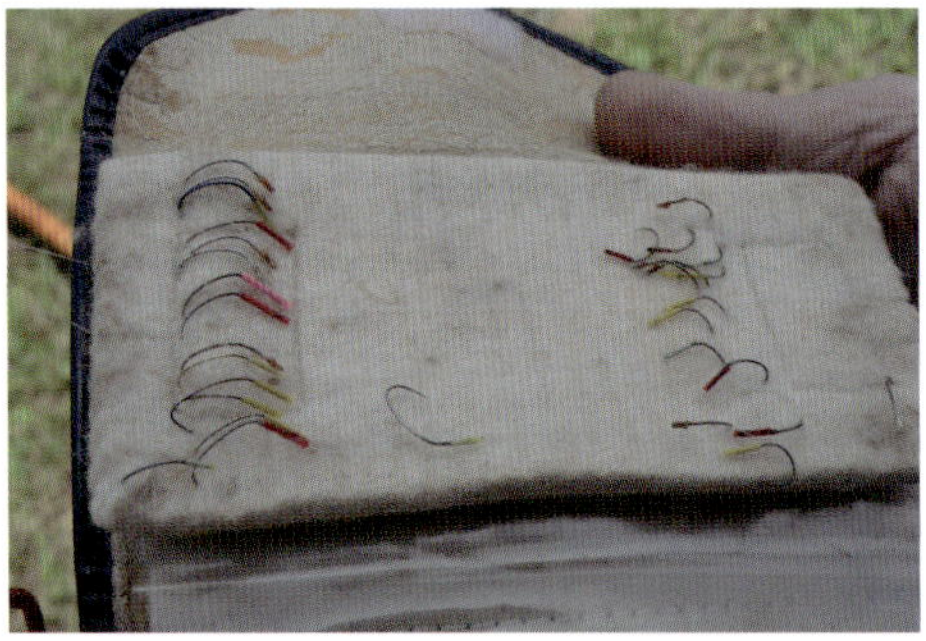

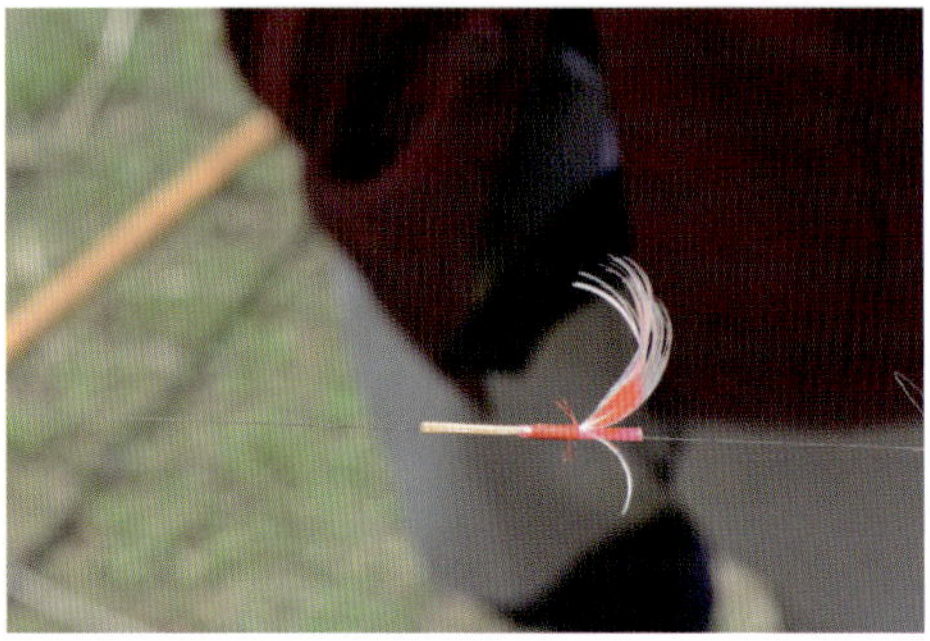

目印はカモの毛とヤマブキの芯を使ったお手製品。友釣りを始めた当初から一貫して使用している

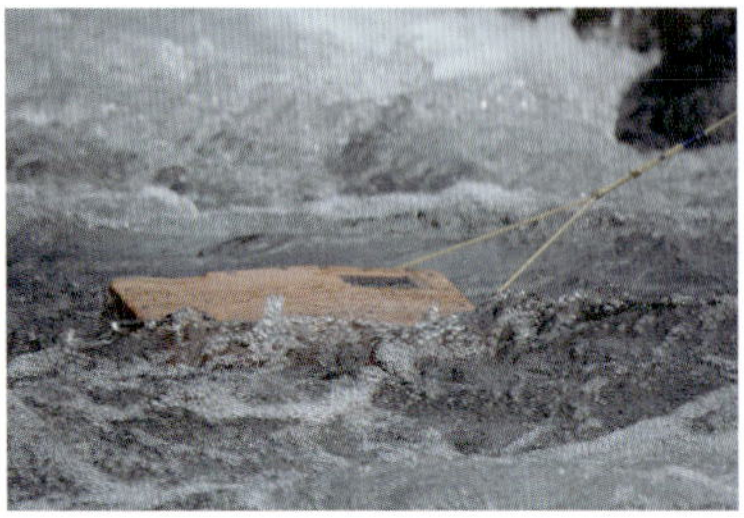

引き舟も懐かしい木製。これまで実に多くのアユの揺り籠になった

当時は帽子だけ被ってなかったというが、それ以外は昭和 40 年代当時と何も変わらない

始めた当初に先輩に作ってもらった通い筒（写真左）とタモ。玉網は絹糸を柿渋で染めたもの

【第2章】鮎友釣りの起源とその技法

吉原孝利

保津川の鮎釣り　作：徳力富吉郎（昭和初期）

世にも稀なる釣技「友釣り」は誰が、何時、どのようにして始めたのだろうか。
本章に友釣りに関する古い記録をいくつか載せてみたが、各地にある古くからの言い伝えのほうに近親感が湧くのはどうしてだろうか。
静岡県では狩野川河畔瀧源寺草庵の虚無僧が友釣りを始めたと伝えられている。彼は、日がな一日橋か土手のかたわらで野アユの追いつ追われつする様を飽くこともなく眺め暮していた末に、これを思い付いたのだろうか。
各地に同じような言い伝えがあるに違いないが、寡聞にして知らない。

1．友釣りの起源

友釣りに関する記録は、今から300年ほど前の京都八瀬川のものが最も古いとされている。それから100年ほど後に伊豆の大仁であまりにも釣れ過ぎることから、禁止の訴えが代官所に出されたほどの釣法が、伊豆狩野川で開発されたようである。この新規釣法の友釣りが、伊豆狩野川より群馬の利根川、岐阜の長良川へと伝播したといわれている。

先人達の調査によれば、友釣りは明治中期（1900年頃）までは、ノベザオと馬素（バス：ウマの尻尾の毛）を使った京都八瀬川の延長線上の古典的なものであったらしい。まずは古い記録から友釣りの軌跡を追ってみたい。

京都八瀬川（現在の高野川）の記録

元禄10年（1697年）「本朝食鑑」。「性常食沙及石垢故無餌不能釣惟喜蝿故遠州大井川邊漁俗以馬尾造蝿頭着綸頻釣之非妙手則不能釣其手熟者少洛之八瀬里民以馬尾之長而結定之投澗水臨岸畔草苔之間而繫鮎能捕之者一日獲五六十頭豫州大津水邊亦以細縄竹竿繫鮎此亦妙手者少」

「本朝食鑑」は漢文で書かれている。訳文は以下のとおり。

性質は沙《すな》および石垢《いしあか》を常食とするゆえエサなく釣ること能わず。ただ蝿《はえ》を喜ぶ。ゆえに遠州大井川あたりの漁俗では馬尾で蝿頭を造り、綸《いと》をつけ頻《しき》りに釣るが妙手にあらざれば釣ること能わず、その手熟する者少なし。

洛《みやこ》の八瀬の里人、馬の尾の長きを以ってこれを結び定め、澗水に投じ、岸畔草苔の間に臨んで鮎を繫《つな》ぐ。よく捕ふる者は一日に五、六十頭を捕ふ。

予州大津（愛媛県大洲）の水辺にもまた細縄竹竿を以って鮎を繫ぐ。これもまた妙手なるもの少なきなり。

〝これを結び〟の「これ」がアユかどうかは定かではないが、後半の文と合わせて見れば、友釣りと解釈できる。ちなみに文中の「繫ぐ」はひっ掛けて獲る意。

紀州日高川の記録

文政9年（1826年）「乍恐奉願上口上」。日高川上流の組総代小屋村庄萬助以下四ケ村組総代から日高御代官所に各組のアユ漁について請願した文書。

「一、各組、川丈け在々にて鮎川殺生之内友掛釣之儀は農事に指障候趣……近年之時節柄網、鵜之儀は價高料に相掛り致度候ても小前共仕込出来不申、右等は組内重役の者共の業而已にて難渋者之稼に相成不申、友掛釣之儀は道具價四五分にて一人川立仕手馴之者一日に五六匁之働き仕右にて家内渡世仕實に難有狩り申儀に……」

要約すると……難渋の小百姓にとっては農業の合間にアユ漁で稼ぐのは生活の助けになっている。友釣りは釣道具も四五分で、手馴れたものなら一日五、六匁《もんめ》の稼ぎが得られ、小前百姓にあった漁法である。網漁、鵜飼漁は元手も高くて小百姓達にはできない漁法であるから、友釣りを禁じ網・鵜漁を許すのは小前難渋者を抑え組内重役富裕層に味方する結果となる。しかしながら、わずかの元手でできる友釣りを許せば小作農らが農作業をせずにアユ漁に出てしまうことになる。それは体制にとって好ましくない。藩として友釣りを禁止して網・鵜漁に代えようとするのは当然の政策である……というような内容が書かれている。

伊豆狩野川の記録

狩野川畔の瀧源寺草庵の虚無僧・法山（安政9年／1780年没）が野アユの争うさまを見ていて友釣りを考案し、漁師に教えたと伝えられているが、そのあと友釣りでアユ漁をする者が増え、その漁獲もかなりのものであったようで、天保3年（1832年）「頼書一礼之事」（伊豆大仁村名主杉浦家、韮山役所へ提出した書状の控え）では「一田方狩野大見簗附村々ヨリ御願申上候ハ天野村川筋於堰所二月上旬ヨリ三月迄小鮎釣漁仕引続夏ヨリ秋迄友釣と唱候新規之釣漁仕中々夥敷儀にて簗付村々既に御運上ニモ相拘リ候義ニ付其御村方相頼前書釣漁御差留之義韮山御役所江……」その内容を要約すれば……年々アユの漁獲が少なくなっているので、代官所に年貢を納めるのにも苦労している。この原因はもともと大仁ほか八ケ村の人々がヤナ漁によるアユで生活の糧を得ていたのだが、新規釣法の友釣りによる漁獲が増え、ヤナを設置している村々では運上金を支払うのにも差し支えると、各村連判で友釣り禁止を訴えたものである。さっそく差し止めいただいて一同ありがたい幸せに思っております……という役所への礼状である。

利根川の記録

弘化2年（1845年）「阿左見日記」（群馬県沼田市）

「利根川ニ於イテ鮎ツリ始ル　右ノ儀ハ同国桐生辺ニテツル風聞有之右ニ付　沼須村　金子豊吉始ル年二十才　弘化三年ニ至リ桐生ヨリ名人来ル」

アユ釣りがこの年から始まったということではなく、伊豆から伝わった友釣りの技法伝授を指しているものと思われる。これは狩野川の友釣り発祥を書き記した現存最古の書である上記「頼書一礼之事」から13年後のことである。

駿河安倍川の記録

嘉永七寅年（1854年）7月「友釣り禁止上申書／白鳥文書」（静岡市）：門屋村の名主惣右衛門らが安倍山中36ケ村を代表して「友釣り禁止」の触れを出すよう現静岡市の「紺屋町御役所」に再提出した上申書。

文書の要約は、「近年アユの友釣りという漁法が流行し困っています。農業を打ち捨てて友釣りに興じている者や、それを見物する者など数多く、農業の妨げとなっています。若者の中には、これを職業とする者もあります。ぜひとも、もう一度、友釣り禁止のお触れを出してください」というものだ。

※静岡新聞が平成8年に「静岡人のアユ友釣り好き昔も今も　江戸末期に禁止令」という見出しで白鳥家古文書を紹介。

長良川の記録

安政5年（1858年）「美濃国長良川鮎漁取調書」。

「鮎掛針一名倶釣（筆者注：友釣り）トモ云ウ禁令ニ相成ル此漁方ハ當国ニ発業スルハ漸ク嘉永三～四年（筆者注：1850～1851年）比ヨリ以来ナリ然ルニ此漁方ハ親鮎ヲ糸ヲ以ッテ括リ又糸ニ釣針ヲ数多附テ之ヲ川瀬ニ流ス時ハ群集スル鮎大イナル分親鮎ニ寄添ヒ或ハスレ争フテ自ラ此針ニカカルヲ補魚ス然ルニ此針鮎ノ皮肉ニヲレ込ミナカラ逃レタルヲ鵜之ヲ捕ル其手負タルコトヲ知スシテアユ鮓製スルノ際漸ク之ヲ発顕セル此針鍜ヒ能ク至テ折レヤスキモノニシテ衆人ニ害ヲ醸スコトアラント堅ク之ヲ禁止ラル」

これによると長良川では倶釣（友釣り）が禁止されたことがうかがえる。主な理由は、献上アユにハリが刺さっていては大変なので、友釣りを厳しく取り締まってほしいという訴状が出されたのがきっかけとされている。思うにこれはアユの鵜匠と鮨が関係していたのではないだろうか。

鵜匠という呼び名はもともと織田信長によって名づけられたものだ。その後、鵜匠制度が成立し、漁業特権と経済的援助を与えられる者も出た。特に長良川の鵜匠は尾張徳川藩の庇護を受け、鵜匠を12人とし禄米120石を与え、鵜匠頭3人には苗字を許した。

鵜匠を保護した最大の理由は、献上品としてのアユといわれる。鵜が一瞬にして嘴《くちばし》で挟み殺したアユが最も美味とされ、長良川のアユも江戸の将軍家や、京都の御所へ献上された。この時代、献上品を江戸まで運ぶのに5日間を要したといわれ、アユは鮮魚ではなく鮎鮓《あゆずし》などとして送られた。長良川の鵜匠12人が尾張藩に上納したアユは毎年5万尾といわれている。

献上アユは、鮨の他に、火乾、煮乾、煮塩、塩塗、漬塩、押、内子鮨、氷魚（アユの仔稚魚を塩茹でしたもので近江、山城が産地）などがあった。

明治までは鵜飼は重要な漁法であって、かつて鵜飼が行なわれた場所は日本全国で150ヵ所に及んだという。現在では、長良川、宇治川、江ノ川（三次）、仁淀川などに観光鵜飼として残っている。

天竜川の記録

〔明治12年9月　県宛下伊那郡採魚・漁場取調報告〕

第二　友釣

「強勢ノ友魚ヲ以テ其《その》鼻孔ヘ張釜《がね》ノ輪ヲ貫キ其尾端ノ左右ニ一箇ツツノ釣針ヲ垂レ之ヲ長弐間余ノ竿ニ付シ水中ニ遊泳セシムルニ類魚来テ抵抗セントスルニ体中何《いず》レノ箇所ヲ不問竟ニ針ニカカル、最モ該業ハ魚補生長当地方ニテハ夏至ノ頃ヨリ漸次始メ寒露頃ニ終ル（以下略）」

（内務省勧農局／各県に対する文書による照会の回答　長野県史近代史料編第五巻（四）所収）

現代語訳としては……ハリガネの輪をハナカンとし、尾ビレの左右にハリを1つずつ出すスタイルで、オトリを水中で泳がせると野アユがいずれかのハリに掛かる。

天竜川下伊那地区では夏至の頃（6月21日前後）から始まって寒露となる10月8日までがシーズンだ……といった内容が書かれている。

2．近代友釣技法の発生と伝播

さて、近代的なアユの友釣りは具体的にいつどこで発生し、どのように各地に伝播していったのだろうか。

各地の川漁師の中で、狩野川の釣り人こそが、馬素に代わるテグス、鉛オモリの使用、ハリの改良、オトリアユのイトくくりから撞木《しゅもく》、ハナカンの考案、ハリスの吹き流しから尾ビレ通し、逆バリの考案、ノベザオから継ザオへの進歩というように、従来の漁法を一変させたとされている。それは、生活をかけた激しい職漁師同士の競争から生み出されてきたものらしい。伊豆の釣り人達が、その近代技法を各地に伝えたことにより、友釣りの発祥は伊豆狩野川という説が一般化したようだ。

釣り文化協会による『釣り文化』11～16号（1983～1986年）で掲載された、常盤茂雄氏の前書きにはこう書かれている。

「今日、鮎の「友釣り」の愛好者の数は、五十万とも七十万ともいわれている。そこには当然さまざまな技法の工夫がなされているにちがいないが、近代「友釣り」の技法そのもののルーツが伊豆狩野川にあることを知る人は、意外と少ない」

それは無理からぬことであった。「友釣り」の専門書に類するもので、このことに触れたものはほとんどなかったのだから。たとえば、上田尚氏の『釣り方図解』（1925年8月刊）にも、藤田栄吉氏の『鮎を釣るまで』（1932年4月刊）にも、村上静人氏の『鮎の友釣』（1933年4月刊）にも、伊豆狩野川の釣り師についての消息は一切記載されていない。これらの釣り研究者たちが狩野川の釣り師たちの活躍ぶりを知らなかったはずはないのに、わたしには、なぜか不思議に思われる。

狩野川の釣り師たちの模様を最初に書いたのは、佐藤垢石氏の『諸国釣自慢』（1933年『水の趣味』誌12月号）ではあるまいか。氏は、「利根川へ伊豆の職業者たちが遠征するようになってからもう三十年以上も経過するであろう。いろいろな事を利根川の漁師に教えた。」といい「交通が便利になってからというものは五十人百人と隊をなして武洲（筆者注：埼玉県）の荒川、上洲（群馬県）の利根川、美濃（岐阜県）の長良川というように、鮎では有名な大河へ遠征するようになった。」ともいっている。当時から「三十年以上」も昔といえば、1900年代（明治30年代）のことになろう。

わたしは、狩野川の釣り師たちの活躍に興味をもち、地元狩野川から岐阜長良川、飛騨川筋、群馬県利根川筋に、彼らの足跡をいささか渉猟してきたのだが、彼らのおもかげは、今やまぼろしの伝説と化しつつある。

1900年代のことを語る釣り師はすでになく、1920年代（大正期）に入ってからの模様さえ、もはや高齢に達した釣り師たちから聞きとることができるかどうか……。

伝説的狩野川漁師の軌跡

狩野川のアユ釣り師で群馬県利根川へ遠征したパイオニアは、伝説的川漁師ともいえる鈴木久吉である。鈴木久吉が上州利根川に入ったのは明治43年（1910年）とされる。

修善寺で農家と養蚕をしながら、農閑期には日雇いに出て日銭を稼ぎ、夏は暮らしの足しに友釣りでアユを釣っていた鈴木久吉は、当時みんなから「鈴《すず》久《きゅう》（壽々久）」と呼ばれていた。

その頃は狩野川産のアユが東京市場と強く結ばれ、需要の高まりとともにアユの値段は急上昇した時代だ。ちょうどその頃、狩野川が台風で洪水にあってしまい、壊滅的な打撃を受けてしまう。おそらくそうした理由もあって鈴久は幾人かの仲間を連れだって豊漁を耳にしていた利根川を訪ねたに違いない。上州では首尾よく仲買と契約を結び、奥利根での友釣り拠点を岩本に置き、旅人宿の小川屋に逗留したと記されている。「釣り文化12号」（1983年）にその時の様子が書かれている。

「小川屋に落ち着いた鈴久等（鈴木久吉たち）は本格的に釣り商売に打ち込んでいった。

頭に日よけ暈《がさ》、薄手のシャツと脛上までの白木綿のもも引きをはき、うちふところに仕上砥石を入れ、足半の草鞋を付けて、腰に巻いた大紐には竹筒の引き舟が張られ、タモの柄がきっしりと背中に差し込まれている。竿は細身の三本継ぎの四間一尺物を持った狩野川の釣り姿。

地元の釣師は全身赤胴色に日焼けした身体に日よけ暈、腰紐に引き舟あとは何もつけない素裸で、四間近い太身の一本竿を持って激流の中で釣っている。地元の釣師には、鈴久等がたかが素人としか映らなかったに違いない。だが、ひと度竿を合わせたとき、信じられないことが起こった。

今の今まで自分達が釣って掛からなかった場所で鈴久等は次々に鮎を掛けているではないか。移動すれば入る。決して地元釣師の先を越すようなことをしないで鮎を掛けていく。……」

このように地元の釣り師に伊豆の友釣り技法を存分に見せつけた鈴久は、やがて地元の釣り師から教えを請うようになり、先生と呼ばれるまでになる。利根の友釣りに変革の機会を与えたのは、まぎれもなく鈴久らであったのだ（鈴久の利根川遠征の詳細はP83に掲載）。

そして伊豆から西日本に渡ったもう一人の凄腕が、飯塚利八である。利八が美濃長良川に入ったのは大正7年（1918年）。しいたけ栽培家で初代狩野川漁業協同組合長だった利八は、友釣り師として卓越した技術を持っているだけでなく、村会議員に推薦されるなど、かなりの人格者であったという。

当時アユは献上魚といわれ、富裕層が食すものであった。特に友釣りで釣った大型魚は一級品として高い価値があった。大正3年に始まった第1次世界大戦で国内産業は活況をみせ、東京市場に送る狩野川のアユも年ごとに増え続けるなか、狩野川のアユを多く扱う荷受問屋が長良川の魚に高い価値があることに目を付け、修善寺のアユ仲買人とともに郡上アユの東京送りを計画した。そこで腕の立つ釣り師が必要ということで利八に白羽の矢が立ったのだ。

伊豆から電車と徒歩で苦労の末にたどり着いた郡上八幡。

当時の長良川を見た感想を利八はこう言い残している。

「川もでけぇが橋の上から川を見たらシラスを干したように川底が見えねえくらいアユがいる。ピカピカに光っているんだ」

そこでは褌も付けず素裸で立ち込んで釣りをする地元の釣り師がいた。利八は、白木綿の長袖、前袷の膝上までのズボン、足は半中の草履。仕掛けは渋糸のミチイト、ハリスは二厘《りん》の本テグスにスガ糸で伊豆バリをきれいに2本巻きつけたもの、撞木（シユモクハナカン）と三匁《もんめ》の割りオモリを付けた伊豆スタイルで川に立つ。

地元の釣り師は撞木でハリスは馬素の三本ヨリの太い針金のようで、その先に小さなハリを1本付けた吹き流し仕掛けで、大きな五匁のオモリがオトリの鼻先にぶら下がっている状態だ。

利八のように釣れないのは、仕掛けが悪いだけでなく、釣ったアユをすぐに使わないでしまい込むため、余計にアユが掛からなかったと利八は言い残している。

その後、利八は長良川の上流大和村から白鳥、油坂峠を越えて、九頭竜川にも遠征して伊豆スタイルを広めたという。ただし、生活をかけた郡上の釣り師達もいつまでも伊豆の連中に負けてはいなかった。利八が郡上を訪れてから4、5年も経つと一日一俵の米を稼ぐような名人が生まれるようになる。利八率いる伊豆の釣り師が郡上の釣り師に伝授した2本バリ尻ビレ通しの仕掛け、継ぎザオの技術、割りオモリ、馬素にかわる本テグスのハリス、川の見方とサオさばきの技法は、長良川の友釣りを一変させたのである（利八の長良川遠征の詳細についてはP90に掲載）。

職漁師化によって進化した近代友釣り技法

上州利根でも郡上長良でも、四間（7・2m）以上の継ぎザオと砥石を懐中に、馬素にかわるテグス、ハリは2本チラシ、吹き流しにかわる尻ビレの縫い通しの先進的技法を駆使する伊豆の釣り人の前には、大きなオモリを付け馬素の3本ヨリの先に小さなハリを1本付けた吹き流し仕掛けを使う地元の釣り人など及ぶべくもなかった。

いずれにしても地元の人は1日平均300匁（1・1kg）くらいで、500匁（1・875kg）を超える者はなかったのに、伊豆の釣り人はその3～5倍のアユを釣ったといわれる。

「俺は15日釣って家へ100円送ったら、家では盗んだ金ではないかと心配したもんだ」と飯塚利八は語ったと伝えられている。

新技法を身に付けた狩野川の釣り人が、他国でのアユ釣りがよい稼ぎになるのを知り、利根川、長良川など各地の大河へ大挙して繰り出していったのである。明治終盤のその頃から川筋の農家は釣り人の宿になり、地元の農民や職人の多くが仕事を休んで金になる友釣りを習い始めていた。

大正年間（1910年代）に諸職の日当が弁当持ちの1円から1円50銭くらいの時に、長良川、郡上八幡の旅館代は弁当付きの1円で、アユの値段は1尾30匁（約112g）前後の揃ったもの百匁（375g）で1円20～30銭であったという。

郡上でアユが高く売れたのは明治の終わりから戦前の昭和7～8年頃までといわれる。伊豆から職漁師が出稼ぎに来ていたのもその頃までで、役場の職員の給料が10円くらいの時に、彼らはアユを釣って150円くらい仕送りしていたという。このことからもうかがえるように、釣り人同士の競争は熾烈で、アユを多く釣ることが即、大きな収入を得ることになったのである。

東と西に移り住んだ二人の軌跡と名竿のルーツ

伊豆の職漁師が東西に遠征を始めたのが明治終盤。それから幾月かの年月が流れ、大正の半ば過ぎになって、奇しくも伊豆の二人の釣り人が東は利根川、西は長良川に移り住むことになる。

大正10年（1921年）、利根の人となったのは、伊豆ではかなりの腕を持った土屋嘉一で、奥利根で数々の釣り人を育て、越後魚野川、会津只見川、信州千曲川と旅していった。「伊豆の嘉一」と名を轟かせた彼は、前橋竿の都丸義郎氏のところへ何度も講習に通い、並継ぎザオの技術を習得して友ザオを作っており、利根、信州、越後の漁師達が買い求めたという。これがのちの「上州竿」と呼ばれたものと思われる。

そして大正11年、長良の人となったのは、山下福太郎で郡上・飛騨の釣り人に初めて「山下竿」という継ぎザオを教え、やがて木曽川、神通川の釣り人も「山下竿」を使い始めた。

昭和6年、祖師野の釣り人に請われて和良川と馬瀬川の出合う祖師野の八幡神社で開かれた山下の友釣り講習会には60人を超す農民漁師が会場の外にまで集まったと伝えられている。山下福太郎は長良川から馬瀬川、益田川と遍歴しながら、最後は紀州北山川の上流の山村で生涯を閉じたという。

そして山下福太郎によってもたらされた山下竿から、今や伝説に近くなった「郡上竿」が生み出されたのである。

狩野川が生んだ近代友釣り技法は、この二人を主

鮎友釣りの起源とその技法

軸としながら東と西に伝播していった。当時、友釣りはあくまでも漁が主体の釣りであった。

土屋喜一と山下福太郎がその名を轟かした昭和一桁（1926年頃）の年代は、「昭和の恐慌」が吹き荒れた時代であった。昭和2年の銀行取付け騒ぎから始まる金融恐慌が起き、昭和4年ウォール街株暴落に端を発した世界経済恐慌に日本も襲われたのである。

当時、日本の主要輸出品であった生糸は輸出総額の4割を占め、その9割以上はアメリカへ輸出されていた。金の輸出を解除した金解禁による円為替の高騰と、大恐慌による需要減が重なり、生糸輸出は激減。その価格は70％以上も大暴落した。金解禁というデフレ政策と世界恐慌により、企業倒産と失業者が街にあふれたのだ。都市失業労働者の不満反抗を緩和するために昭和5年、政府は意図的に米の大豊作予想を流すのだが、これが米価の大暴落を呼び、それにつられほかの農産物も暴落し「豊作飢饉」とよばれる状態が出現した。この年から農業恐慌が全国的となり、東北農村を中心に娘の身売り話がいたるところで聞かれるようになり、農村は悲劇的な窮乏へ突き落とされたのである。

このような状況であったことから、出稼ぎに来ていた伊豆のアユ漁師は土地の農民や職人の羨望の的であったと推察される。彼らがアユ釣りを習い、伊豆のアユ漁師の何分の一かでもアユを釣って現金収入を得たいと思うのは無理からぬことであった。

友釣り用のサオにおいても、各河川の漁師や竿師がその土地の竹を使い、職漁師向けに作っていた。なかでも先に挙げた長良川の郡上竿が全国的に有名で、このほかに利根川の上州竿などがある。職漁師のなかには6間（10・8ｍ）で500匁（1・875kg）ものサオを使いこなす者がいたといわれている。

近代友釣り技法と竹の継ぎザオを駆使した職漁師の活躍は、アユの養殖技術の普及に伴うアユ価格の下落により、昭和50年代を最後に衰退してしまった。

昭和55年のアユ漁獲高は1位利根川1157ｔ、2位四万十川846ｔ、3位長良川643ｔ、4位那珂川、5位九頭竜川、6位天竜川、7位球磨川、8位江ノ川、9位仁淀川、10位紀ノ川である。同じく昭和55年の養殖アユは7989ｔでアユの全収穫量の35%であった。

天蚕糸《てぐす》

南蛮渡来の不思議な釣りイト。

堂ノ浦の漁師が一本釣りで広めた。

テグスは、元禄時代（１６８０〜１７０９年）にインド、中国産のものが、広東の薬草とともに（薬草の包みを縛った紐糸）、オランダ商人により出島を経てもたらされたのが始まりと聞く。

このテグスを最初に釣りに使い始めたのは大阪の漁師であったようで、その後、四国阿波堂ノ浦の漁師がマダイ、スズキ、ハマチなど高級魚の一本釣りでめざましい効果をあげた。大阪にテグスを扱う問屋ができ、堂ノ浦の漁師たちがそこから仕入れ、瀬戸内海一帯でテグスを売りながら一本釣りの技術を広めていったらしい。

天蚕糸と書いて「テグス」と読む。「テグスイト」に同じ。英名＝silk gut。ヤママユガの楓蚕（ふうさん）・楠蚕（くすさん）の幼虫の体内から、繭を作る前に、絹糸腺を取り出し中の液状絹を酢と食塩水を混ぜたものか、数パーセントの酢酸に浸し、急激に引き伸ばし繊維化させ、乾かして精製した白色透明のイト。天蚕糸蚕（てぐすさん）である楓蚕（ふうさん）・楠蚕（くすさん）から採ったものを本テグスという。ほかに、真珠蚕、家蚕からも作られた。

津軽采女《うねめ》による『何羨録《かせんろく》』（享保8年／１７２３年刊）にテグスの記述があり「西国にて魬（ハマチ）など云へる大魚を釣る。四斗俵を釣ても切れずといへり。西国にて商い、江都へも阿波塩船、ならびに大坂の檜垣船の船頭持て来たり商売する事有」と書かれている。

が、そのテグスの正体についての記述は伝聞の域を出ない。

「テグスは漁師が釣る時に用いる筋である。虫から作るというより外国から来る」

「テグスは広東でできる。伝えによるとこの物は水中ででき、長さは二丈ばかりである」

日本最古の釣りの本『何羨録』が書かれた頃は、テグスが日本にもたらされてから何十年も経過していたのだが、その正体は依然秘密のベールに包まれたままであった。

当時の釣りイトは菅イト（絹イト）か麻イトが一般的であったようで「どちらも適当に渋うるしを引

き、テグスを継いで使う」と記されている。テグスはハリスとして使われていたようである。明治時代のテグスも中国産輸入品の1、2位を争った。

『日本水産捕採誌』（農商務省水産局・明治19年企画、同28年／１８９５年完成）の記述。「釣りに使う天蚕糸（筆者注：テグス）は欧州スペイン産が白色透明で最も強靭であるが、輸入量が少ないので実際に使われることは少ない。わが国で使われるテグスは、すべて中国から輸入の楓蚕糸《ふうさんし》である。テグスの輸入額は30～40万円に達し中国貿易総額の１、２番になるであろう（明治十四年の輸入額は５７４２斤（約３４４５kg）で金額10万円内外の統計記録が出ている。1斤＝６００g）。

輸入されるテグスにはカントン、マテグス、ヘチマ、アイスの4種類があり、カントンが一番よくマテグスが二番である。テグスは清国では楓蚕《ふうさん》から取るが、わが国では「楓」をカエデと訓読しており、本来の楓《ふう》という木は日本にはないので、楓蚕の代わりに、楠虫《クスムシ》から取る。しかし産額がたいへん少なく品質がよくないのが残念である。わが国のテグスの欠点は水中に入れると早く膨張することで、これが張力を弱くして実用にならない点である」と書かれている。

また、クスムシを図解してクスムシからテグスを取る方法が記述されており、「わが国でテグスを産出する土地は、阿波、美濃、筑前、肥後、武蔵、薩摩、岩代、信濃、土佐、日向、丹波、下野、越後、常陸、三河、越前の諸国である。嘉永、安政年間にこれらの諸国から多く産出したが、今は微々たるものである」と記述されている。また「輸入されたテグスは中央が太く両端が次第に細くなっていたので、太さを均一にする磨きテグスが紀伊、淡路辺りで多く製造され、現在は大阪でも作られる」と同じく『日本水産捕採誌』に記されている。

淡路由良の磨きテグス製造は昭和まで続き、昭和8年7月18日の大阪毎日新聞で「淡路由良のテグスがヨーロッパ、殊にフランスで品質といい値段といい非常な好評を博し、最近3万円の注文に業者はてんてこ舞、ストックは全部出払ってしまってなお足らず」と報じられた。

当時のテグスの号数は、本テグス5尺（約１・５１５m）の長さあたりの重さを単位として決めたもので、これを分、厘、毛で表わしていた。1匁＝3・75g、1分＝0・375g、1厘＝0・0375g、1毛＝0・00375g。

昭和34年（1959年）より1厘を1号、1分を10号、1厘5毛は1・5号というようになり、現在に至っている。この時1厘の本テグスの太さが直径0・165㎜であったことから、現在のナイロンライン1号が0・165㎜の規格に決められた。ただし、当時のイトの太さにはバラツキがあったので、太さの許容範囲があり、太さ直径の違いの上限下限が前後の号柄の標準直径を超えなければよいとされた。たとえば、1号の標準直径は0・165㎜だが、その前後の号柄は0・8号が0・148㎜、1・2号が0・185㎜なので1号の太さの許容範囲は0・149〜0・184㎜になる。ちなみに釣りイトを号数で呼ぶのは日本だけである。

明治・大正〜昭和初期の仕掛け

『日本水産捕採誌』（現代語訳　天野敬『釣りの原典』博品社）より。

十二　鮎友釣（アユ友釣り）

「アユの成長がなかばを越す頃になると各地で友釣りができる。友釣りは、おとりのアユを水中で泳がせて、他のアユが来て、戯れるのを掛けばりで掛けて釣るものである。この釣り方は急流でやるもので、流れの緩いところでは効果がない。その一例を書いてみよう。

伊豆の国狩野川筋のアユの友釣りの釣り期は、六、七月頃が最高である。竿は長さ三間半くらいの竹のまっすぐなものを選んで使う。道糸は渋引きのスガ糸の長さ一丈五、六尺、その先にテグス二尋を継ぎ、はりを付ける。はりの数は川の様子で多い、少ないがある。水底に大石があるところでは、はりは一、二本使う。はり数が多ければ、石に掛かる恐れがあるので、少ないほうがよい。はり数が少なくとも、水勢ではりが回るので、魚の掛かりには影響がない。もし水底に小石が多いようであれば、図ａの右のように、はり二本あるいは三本を組み合わせて使う。また、左のように、だんだんに二、三本付けることもある。はりの上のほうにおとりのアユをつなぐために、長さ二寸くらいの枝糸を付け、その先に縫い針の五、六分の長さに折ったものを結び、鼻環とする。これをアユの鼻の穴に通し、魚の頭の上のほうに重さ三、四匁くらいの鉛のおもりを付ける。枝糸を付ける点からチモトまでの距離は、必ずおとりアユの体の長さよりも若干長くする。もし距離が等しいか短いと、はりがおとりアユに掛かってしまう恐れがある。

釣り方は瀬におとりを放し、少し上流へ竿を進めて、泳いでいるアユを引き上がらせる。このとき他

〈図ａ〉　掛けばりの種類⑴

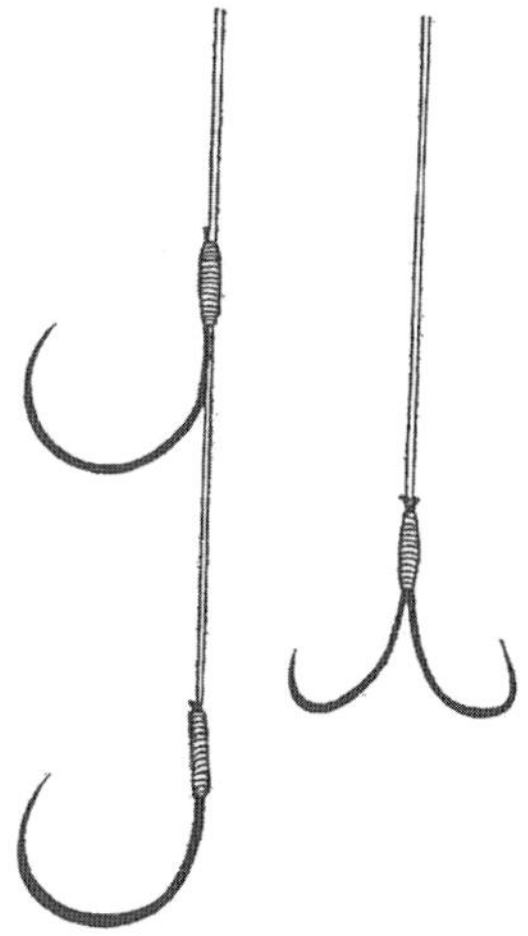

〈図ｂ〉掛けばりの種類⑵

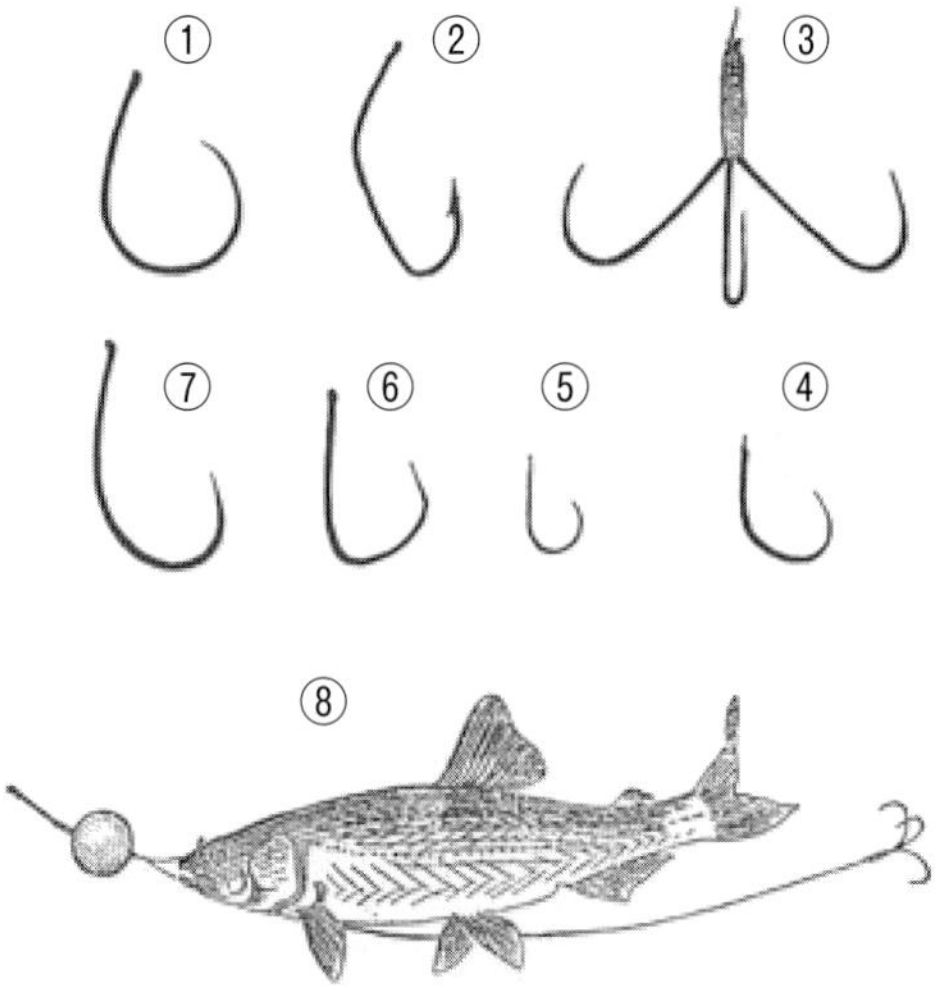

①越後の国　②相模の国　③越前の国九頭竜川地方
④磐城の国　⑤武蔵の国多摩川　⑥大隈の国
⑦美濃の国長良川で使用されるもの
⑧仕掛けの全図

〈図ｂ〉は諸国のハリと仕掛けの全図
①越後＝新潟県
②相模（原本では相模の国酒匂川地方）＝神奈川県
③越前＝福井県東部
④磐城＝福島県中央部と西部
⑤武蔵＝東京都、埼玉県、神奈川県の一部
⑥大隈＝鹿児島県東部
⑦美濃＝岐阜県南部

明治20年代は、どの地方も吹き流し仕掛けで、尻ビレ通しや逆バリ仕掛けはまだ出ていない。撞木による鼻通しでオトリを付けている。

明治政府の農商務省が明治19年に『日本水産捕採誌』編纂を企画し明治28年（１８９５年）に原稿が完成したが、経費の問題で農商務省から刊行されなかった。明治43年（１９１０年）にようやく民間の水産書院から刊行された。

これには当時全国で行使されていた漁具・漁法を網羅し解説がなされていた。付言で、〈報告されたハリの形で本当の形が得られたものはほとんどなかったので該当する地方から取り寄せ、また中村利吉（編纂員）が多年にわたり収集したものを参考にした〉と記されている。

（注）『釣りの原典』は『日本水産捕採誌』の中の釣漁業編を現代語に訳したものである。『釣りの原典』現代語訳　天野敬　博品社（１９９６年刊）

のアユが来て、戯れて、掛けばりに掛かる。強い衝撃を手に受けるから、魚が掛かったのがわかる。しかし、ここで慌てて引き上げようとすると糸が切れるばかりでなく、魚も失ってしまう。道糸を弛めぬよう、川下に向かって歩きながら、静かに竿を引き寄せ、竿を後方に向け、右の肩に担ぎ、右手に竿とともに玉網を持ち、左手で道糸を引き、玉網ですくう。

おとりアユはなるべく早く取り替えるのがよい。おとりアユが疲れると、アユが掛かることが少なくなる。もし、その代わりがないときは、おとりアユの鼻の先につけているおもりの重さを重くする。また、生きたおとりアユがないときは、死んだアユの口を開き、中に竹を差し込み、石を腹の中に入れて、生き魚のようにする人がいるが、よほどの熟練者でなければできない技である。

友釣りをするには必ずおとり箱、魚籠、玉網、やすりを持参し、はりの代わりを持っていかなければならない。玉網は直径が八、九寸、柄の長さ五寸、網の深さ一尺二寸のものがよい。やすりは、はりが石に触れてはり先が傷ついたときに、とぎ直すためのものである。このやすりは常に玉網の柄に付けたひもに吊るしておく。

この釣りは朝十時から十一時頃までがもっともよく、午後は四時からがよい。また川水が濁ってから澄み始めるときがよい」

狩野川筋の用具

この狩野川筋の友釣りの例を読むと、すでに水中イトにテグスが使用されており、基本的に現在の釣り方と全く同じことが分かる。この頃すでに、2本チョウバリ、3本イカリが川漁師のあいだで使用されていたことが記録されている。

狩野川筋では、この少しあとの明治30年代に、サオがノベザオから3本継ぎ4間1、2尺の継ぎザオに変わっていく。仕掛けも、吹き流しから2本チラシの尻ビレ通しとなり、次いで丸ハナカン、逆バリが使われるようになる。ここには書かれていないが、〈前ページ図a〉左側のハリの図を見ると「尻ビレ通し」のハリと同じ形なので、伊豆のアユ漁師は当時の編纂・調査員に「尻ビレ通し」のことを話さなかったのかもしれない。

また、ヤスリに替わって仕上げ砥石が使われるようになるが、砥石は大正末までのしばらくの間は伊豆のアユ漁師だけの秘密であった。

玉網は、昭和50年代まで狩野川筋、安倍川筋のアユ釣りファンが使っていたものと寸法が同じである。玉網を麦わら帽子にかぶせるようになるまでは、日よけの傘をかぶり腰に巻いた太紐に玉網を差していたそうである。

『日本水産捕採誌』ではアユ釣り漁としての友釣りのほかにも、「十 小鮎餌釣（相模の国酒匂川筋）」、「十一 鮎蚊鉤釣（毛バリでの瀬釣りとあんま釣り）（武蔵の国多摩川筋）」、「十三 鮎懸（ゴロビキ）（相模の国厚木川筋）」、「十四 鮎てんから釣（ボラの引っ掛けに使うようなイカリバリでの掛け釣り）（加

【明治～昭和に使用された各種仕掛け図】

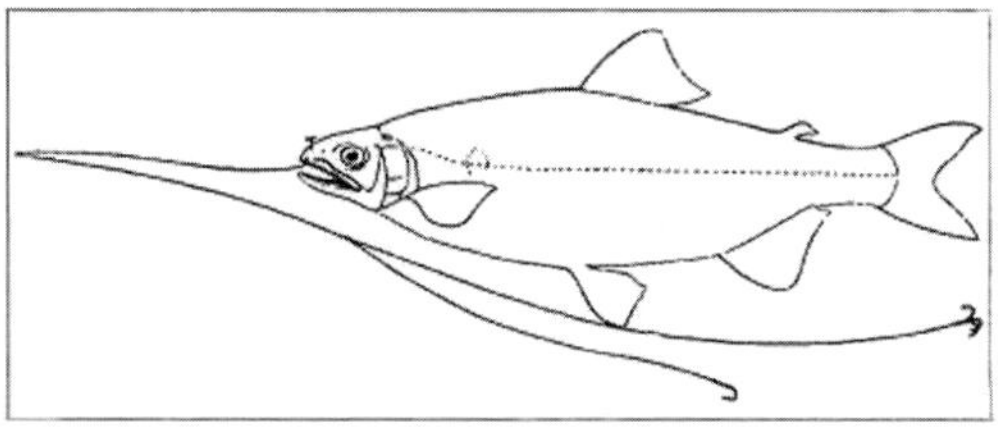

第二図「日本魚類図説」（1907年）

日本魚類図説　明治39年（1907年）
東京多摩川の仕掛け。撞木上顎通し、2本枝バリの吹き流し

第三図　上田尚「釣り方図解」（1925年）

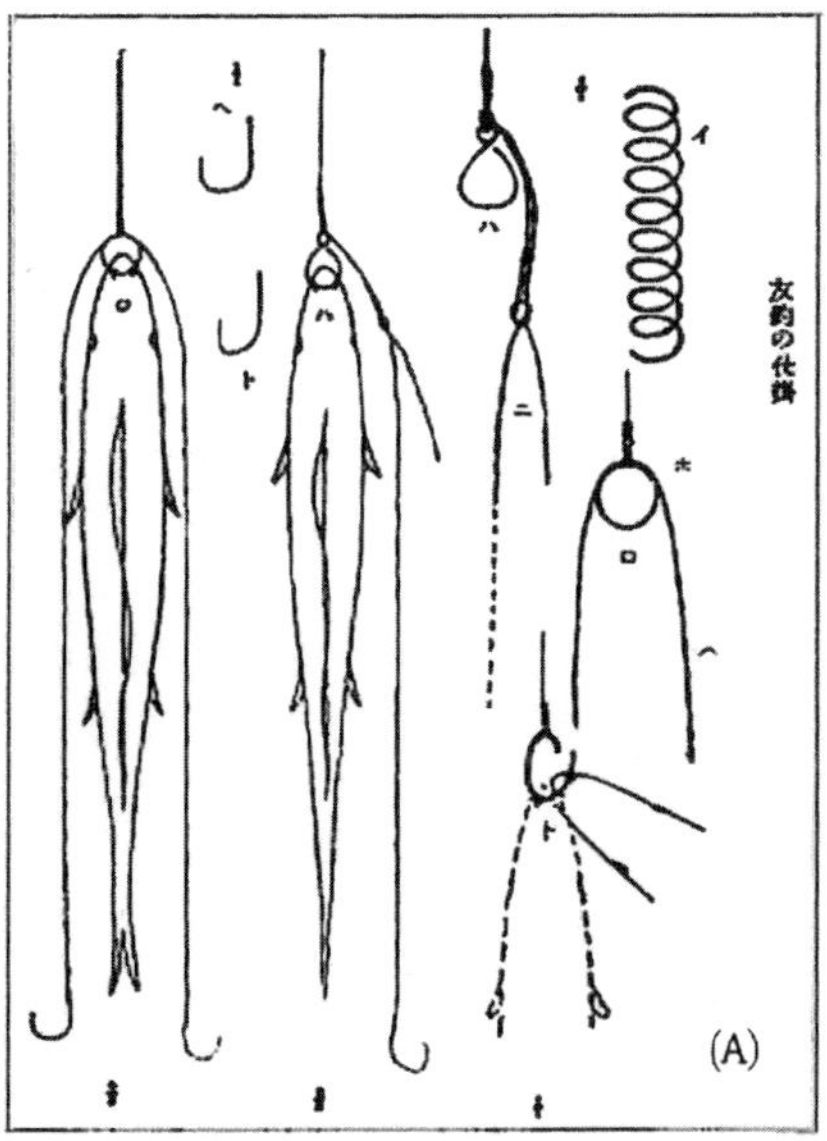

丸ハナカン仕掛けが説明されているが逆バリの説明はない。掛けバリは1本バリの吹き流しである。図の左端は金沢の両ヒゲ仕掛けの原型か？
よほどアユがウジャウジャいるような場所でなければ、この仕掛けではそれほど釣れなかったのではなかろうか。

『鮎の友釣』佐藤垢石 昭和9年（1934年）

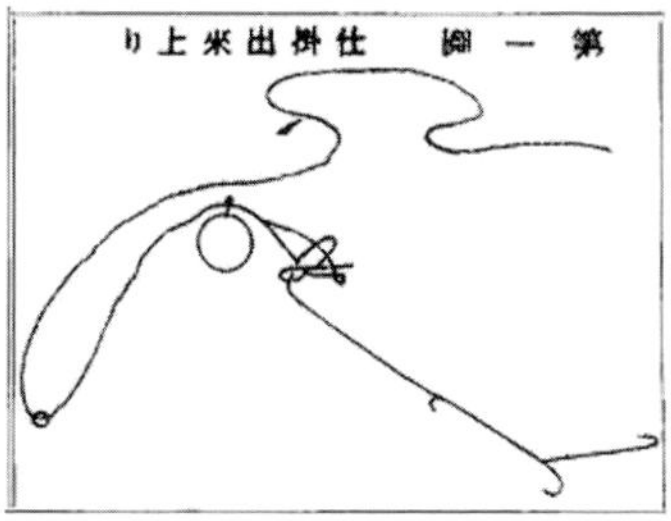

佐藤垢石自身の友釣り仕掛け。「多年にわたって各国各川の仕掛けを使ってみたが、この仕掛けが最も成績がよいし、最も進歩的だ。実に逆バリの効果は絶大である。逆バリをつけたのとつけないのでは成績に大きな差が表われる。」と、垢石自身は書いている。
このように明治、大正、昭和初期の仕掛けを見ると、現在使われている仕掛けの原型はすべてこの時期に出揃っていたことが分かる。

『鮎を釣るまで』藤田栄吉 昭和７年（１９３２年）

狩野川の仕掛けでは、逆バリが描かれていないが、逆バリが付けられていない場合は尻ビレ通しが行なわれていた。トロ場ではオモリは付けずに、サオを立てて釣っていたという大正時代の記録がある。ハナカンにハリスを巻き付けて長さを調節するやり方は、昭和後期に移動式ハナカン編み付け方法が一般化するまでは、静岡、愛知、岐阜地方では広く行なわれていた。伊豆型のハリは、明治 40 年頃に大仁の板垣島吉氏が従来の友釣りのハリに改良を加えて伊豆袖型を作ったと伝えられている。

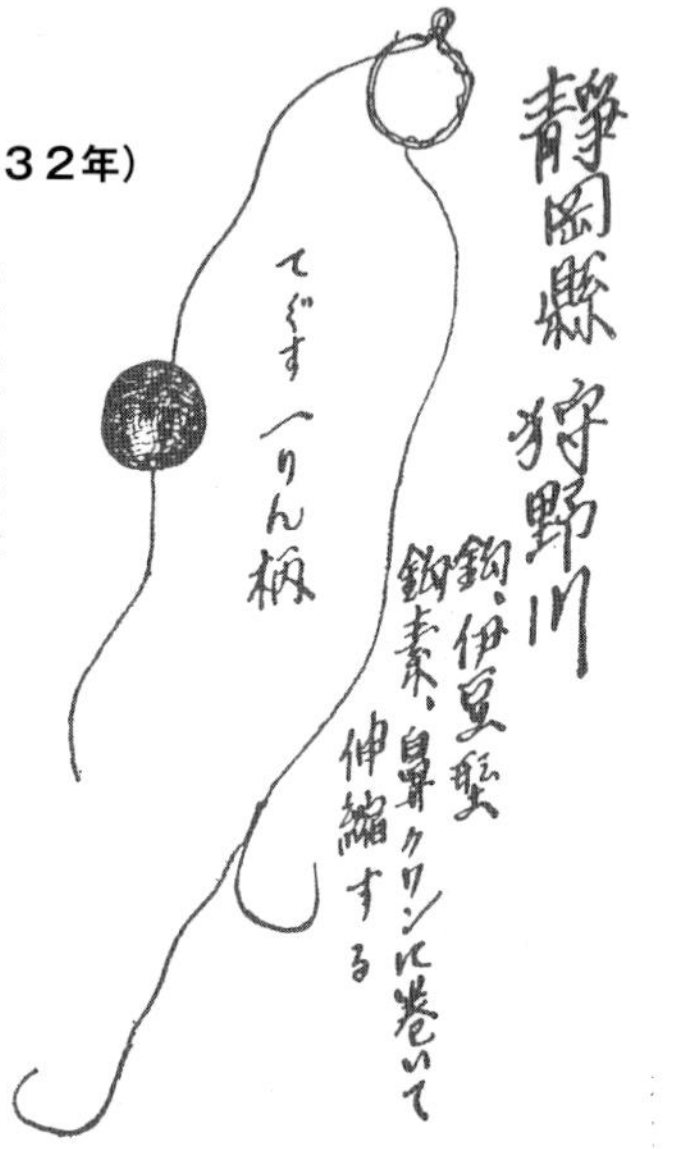

『鮎の友釣』村上静人 昭和8年（１９３３年）

(A) 瀬釣りの仕掛け
吹き流しで逆バリはない。
(B) トロや岩ナメ釣り、見釣りでは逆バリが必要と説明。
(C) は掛けバリの種類を載せている。
A：一本バリ
B：二本バリ
C：蜻蛉結
D：二重蜻蛉結
E：錨結
F：逆バリ付錨結
G：蜻蛉一本バリ
H：枝糸二本バリ
I：ハリス付二本バリ

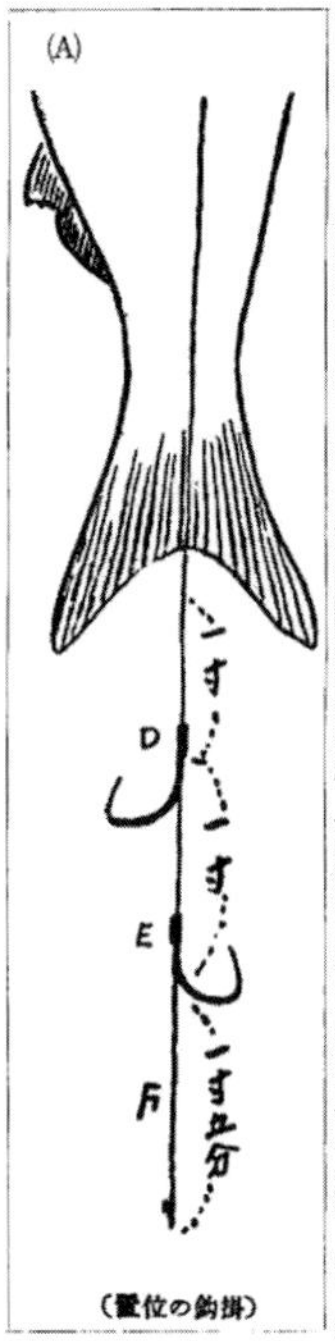

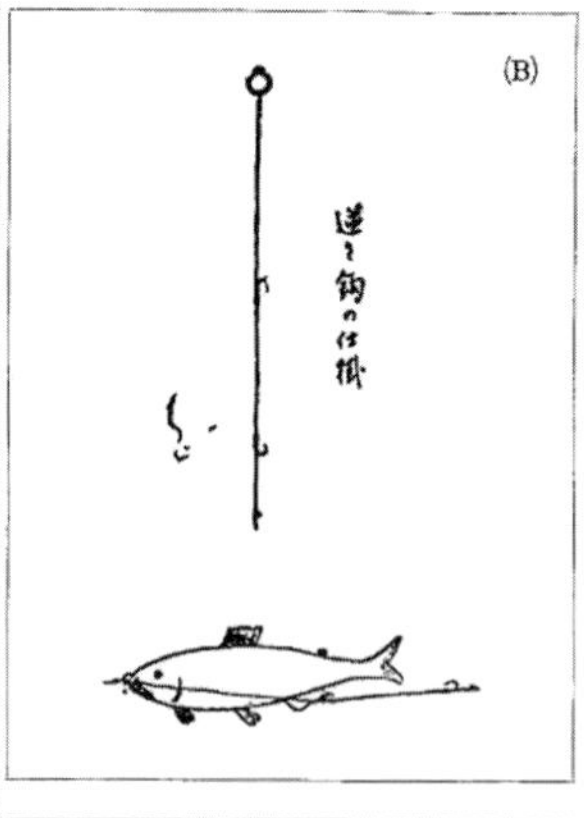

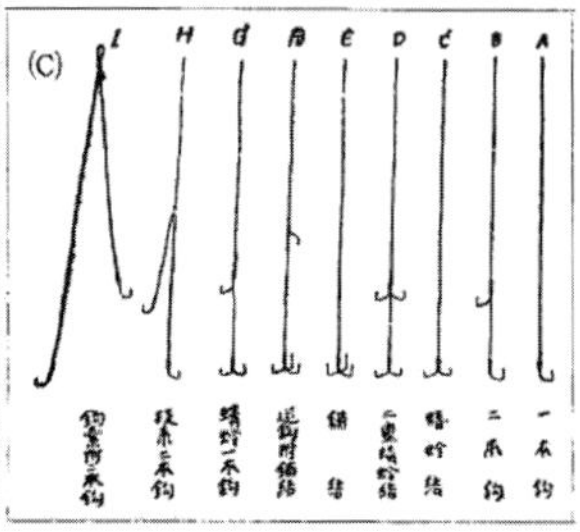

『鮎を釣るまで』藤田栄吉 昭和７年（１９３２年）

狩野川で逆バリ仕掛けが一般化していたことは、この九頭竜川の仕掛けの説明で「左. 伊豆地方に倣ふて作りたるもの. 緩流をつるときに逆ハリを尾ヒレに止める」と書かれていることで分かる。九頭竜川へ遠征した伊豆の釣り師が教えたものと思う。従来のものは栗毛馬尾である（馬尾をハリスにして逆バリを付けると、アユが掛かった時に逆バリのところから切れてしまうと佐藤垢石は説明している）。

逆バリについて、“相模川仕掛けでは腹ビレに刺す”と書き、九頭竜川の仕掛けでは“尾ヒレに止める”と書いている。藤田栄吉氏は逆バリを実地に使用したことがなかったのではないか？

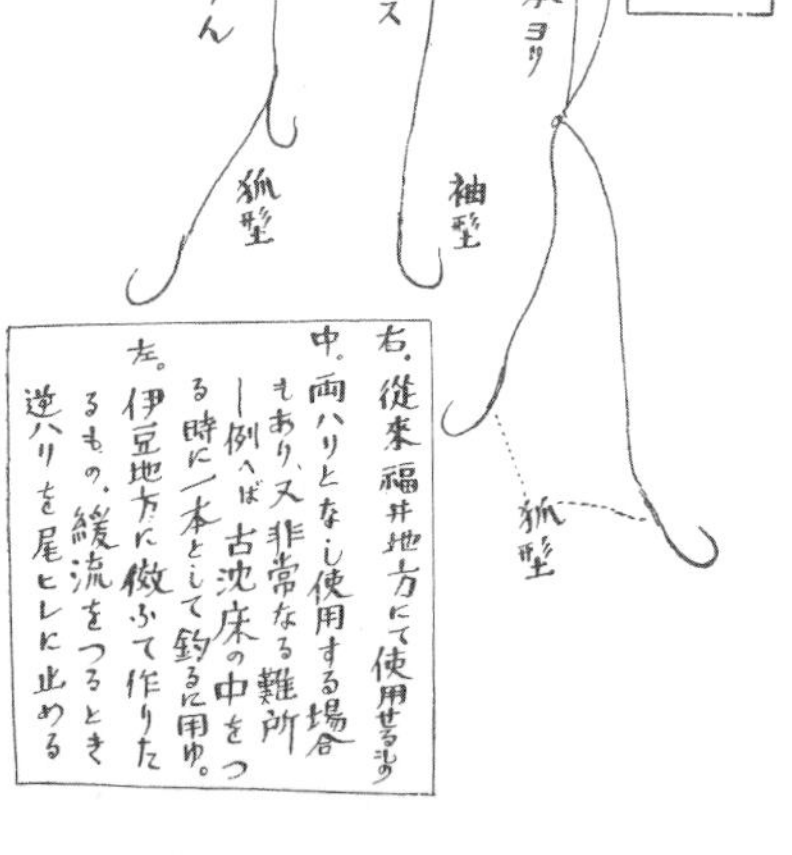

鮎友釣りの起源とその技法

『鮎を釣るまで』藤田栄吉
昭和7年（1932年）

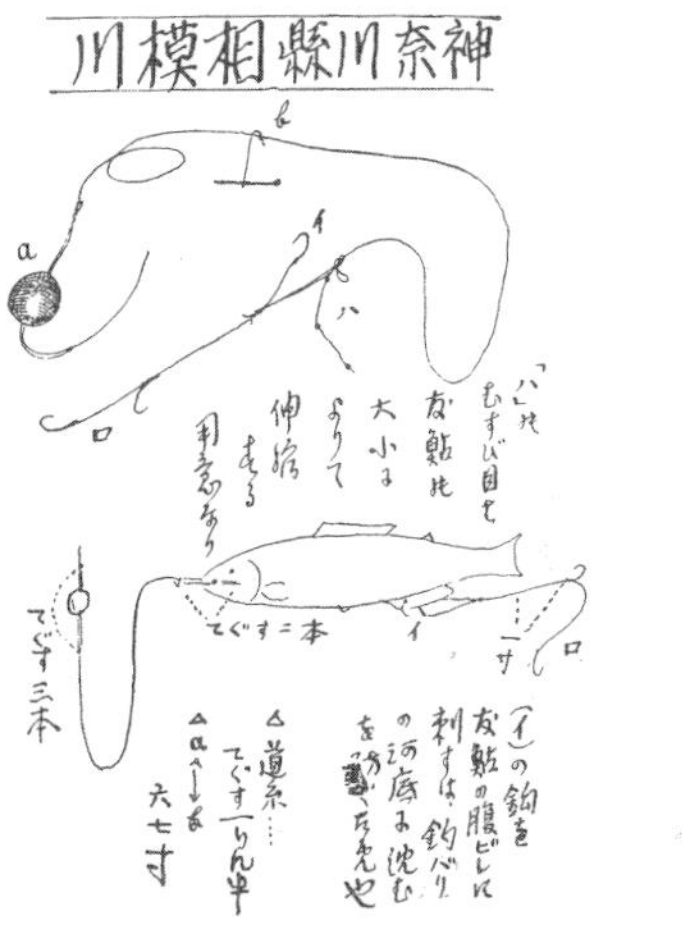

相模川の仕掛けでは、撞木ハナカンイトの末に結びコブを付けるのはアユの大小に合わせるためとし、図中（イ）のハリを腹ビレに刺すのは釣りバリが河底に沈まないようにするためと説明書きしている。逆バリは枝スに付けている。尾ビレから掛けバリまでの距離は一寸。
ミチイト・テグス1厘半＝1・5号、a→b＝6～7寸。昭和後期に自動ハリス止メが使われるようになるまでの間は、相模川の仕掛けのようにハナカンハリスに結びコブを付けるか、狩野川仕掛けの例のようにハナカンに巻き付けるかの方法で長さを調節するのが一般的であった。

賀の国金沢地方）」、「十五　覗釣（水眼鏡で水中を覗きながら竹筒の先に1尺ほどのミチイトを付けたイカバリで引っ掛ける）（上野の国渡良瀬川筋）」の仕掛けと釣り方が説明されている。

漁師の友釣りから、愛好家の友釣りへ

昭和初期（1928年以前）までは、友釣りは「漁師の釣り」とされ、アユ釣り愛好者のあいだでは沈み釣り（ドブ釣り）が盛んであった。大正から昭和初期にかけてアユ毛バリの種類は二千数百種類があったといわれ、加賀、播州、土佐がその生産地であった。

興趣《きょうしゅ》を楽しむ友釣り愛好者が川に入るようになったのは一般的には昭和（1928年以降）に入ってからといわれる。

その当時、釣り好きのいわゆる旦那衆や文士が職漁師の手ほどきで友釣りを始めたわけだが、素人が遊興で楽しむには職漁師の友釣ザオはいかにも重すぎた。

それで、大正末～昭和以降に江戸東作一門をはじめとする各地の和竿師により、素人にも扱える軽いサオが作り出されていった。3間（5・4m）までは4～5本、4間1尺（7・5m）までは5～6本、4間半（8・1m）までは6～7本継ぎくらいが適当とされた。友ザオは軽ければ軽いほどよいとされているが、和竿の場合、その重量は4間1尺（7・5m）で170匁（638g）が標準とされた。

竿師が手間隙かけて作る友釣り用継ぎザオはとても高価であったので経済的に余裕のある人か、川の近くに住み安価なノベザオを肩に担いで出かけられる人以外には、友釣りを楽しむということは難しかった。

そのような時期、随筆家で奇人ともいわれ無類の釣り好きであった佐藤垢石が『鮎の友釣』を出版し

たのは昭和9年（1934年）のことで、それ以降も数冊の本を著し友釣りを一般に広めたということから、友釣り中興の祖などともいわれた。

釣技に関しては、昭和40年代までは、友釣りは伊豆の釣り人がうまいというのが定説となっていた。井伏鱒二は随筆『河津川筋』のなかで、伊豆の釣り人について次のように書いている。

「……しかし伊豆の人は、河津川筋の人でも狩野川筋の人でも、釣の技術にはすぐれている。私は土地の子供と並んで釣っていても、ときどき恥ずかしい思いをさせられることがある。いつぞや滝井孝作さんが云っていたが、鮎の解禁の日に狩野川へ出かけたところ、川に入らないで帰って来たそうであった。土地の子供が囮の鮎を扱っているのを見て、あまりにも上手なので自分が恥ずかしくなって帰って来たと云っていた。

なぜ伊豆の釣師は友釣がうまいのだろう。去年、私は長良川へ行って土地の釣師と座談したが、伊豆の釣師にはかなわないと云っていた。私の釣の師匠の佐藤垢石も、河津川の川端さんや狩野川の中島さんは神技の釣師だと云っていた。

「どこがそんなに違うのか。技術が優れているのか。」と聞くと、「技術もすぐれている。釣る姿もすぐれている。釣るときの心境も立派だ。この三つが揃わなくっちゃ、立派な釣師とはいえない」と垢石が云った。」

これは昭和30年代半ばのことである。アユの友釣りが一般の釣り愛好家でも楽しめるようになったのは、昭和30年代後半（1955年以降）にグラスファイバーのサオが釣り具メーカーから発売されてからのことだ。この頃には釣りイトもテグスからナイロンに変わっていた。

チョウバリやイカリバリが一般に使われるようになったのは昭和40年代後半からで、それまでは2本チラシや松葉仕掛けが使われていた。

掛けバリとしては、矢島、キツネ、長良、入間、伊豆袖など古典的なハリが長いあいだ使われてきた。

しかし、古川トンボ型が出てから、古川トンボ（本名：正幸）氏が考案した鬼印の藁科型などの新しい形のハリが出始めた。がまかつの新改良トンボはそれまでのハリにくらべ、掛かりのよさは秀逸であったと記憶している。その後しばらくして〝はやがけ〟型が開発されてからというもの、多数の新型バリが各メーカーによって開発されるようになった。

釣具の技術革新進むも
釣技は依然として語られず

グラスファイバー製振り出しザオの出現は、経済の高度成長期とマイカーの普及とも重なり、友釣り愛好者の数を急激に増やしていった（グラス製の振り出しザオは、昭和40年代後半でも4～4間半〈7・2～8・1m〉のもので700～1000gの重量があった）。

しかしながら、友釣りの技法自体は伊豆狩野川の漁師が広めた近代友釣り技法の域を出るものではなかった。

その理由は、友釣りに関する本はあったが、内容は入門書、案内書的なものがほとんどで、名人といわれる友釣り師達の釣技を理論付け体系化して説明するようなものが、なかったからである。また、専門家によるアユの研究も漁業資源や職漁師のためのものであって、友釣り愛好家のためのものはほとんどなかった。研究者の論文の中には、藻を食む頻度や時間とか、アユの時間ごとの淵と瀬の出入りなど友釣りに関連する貴重な情報もあるにはあったが、釣り人が知る機会は少なかった。

さらには友釣り上手な人達の多くには職漁師の気風が伝わっていて、釣技や川、ハミ跡の見方などは自分だけの秘密であって、なかなか他人に教えようとはしなかったのである。なぜなら、職漁師でなくても彼ら上手な釣り人達は釣ったアユを旅館や料亭などに卸している者が多く、秘密を教えると自分の稼ぎが減ってしまうと考えていたからである。友釣りのノウハウを公開し、広めるという気風がなかったのだ。

ただし、還暦を過ぎたベテランたちは、この釣りの要点や勘所を案外気楽に教えてくれたことを記憶している。

鱒二、垢石にアユ釣りを教わる

垢石の釣り姿

作家・井伏鱒二《いぶせますじ》の『釣師・釣場』の一編「水郷通いの釣師」のなかで、千葉県佐原付近の水郷の寒ブナ釣りの名人・真野源一さんとの対談に、源一さんが昭和3年、鱒二が昭和6、7年頃に佐藤垢石からアユ釣りを教わった時のようすが書かれている。

私が友釣りを始めた昭和40年代は手尻を1ヒロほど取るのが普通で、初めのうちはオトリを送り出すのに難渋した。掛かったアユはサオでタメ、ミチイトを手繰ってタモに落とし込む。サオの長さは4間前後がほとんどだった。

ここに書かれている昭和初めの5間のサオといえば、700~800gの重さがあったと想像され、それを垢石は片手で軽々と扱っていたというのだから尋常ではない。友釣り中興の祖といわれたのもうなずける。

水郷通いの釣師

・・・・・・・・・・（中略）・・・・・・・・・

「佐藤垢石《こうせき》を御存知ですか。最初、私は鮎釣りを垢石老に教わりました。」と源一さんが云った。

鮎釣りは私も初め垢石に教わった。源一さんが教わったのは三十年前だそうだから、私の方が三年か四年か後輩の弟子ということになる。

私は垢石に教わるとき、囮《オトリ》を粗末にして、ひどく叱られた話をした。源一さんも囮を茶化して垢石に叱られた話をした。越後の魚野川で教わったときのことだそうだ。

鮎の囮を激流に沈めるには道糸を相当に長くする。ところが道糸を長くすると、竿を立てても糸が張らないので囮が沖に出て行かない。私も最初のうちはそれに頭を悩ませた。ふと思いついたのは、囮を浅瀬に入れておいて、自分が三歩か四歩か川上に行ってから竿を立てたらどうかということであった。これなら足場さえ悪くなければ通用する方法である。

源一さんも初め魚野川では囮の操作に手こずった。釣宿に帰ってからいろいろ考えた末、その翌日は風呂場の焚口にあった渋団扇を持って川へ行き、沖へ出て行かない鮎をその団扇で煽ぎたてた。囮はみるみる沖に出て行った。すると垢石が遠くのほうからそれを見て、わざわざ叱りにや

竿話休題①

って来た。

「お前、さっき妙な真似をしていたな。その腰に差しているのは、いったい何だ。」

「団扇だ。暑いからね。」

垢石はたいへん怒ったそうである。

そのときの垢石の激昂ぶりは私にもほぼ想像がつく。たいていの釣師がそうであるように垢石も濁声《だみごえ》だが、人を叱るときには特に異色ある濁声を張りあげていた。囮を粗末にすることを何よりも禁忌《きんき》として、川底に引っかかった囮を一かばちかぐっと引き抜くことを厳禁した。私が富士川の十島で初めて垢石に教わったとき、囮を川底に引っかけると、垢石が私に厳命した。

「俺が竿を持っててやるから、川のなかにもぐって囮を外して来い。これは友釣の原則だ。」

当時、まだ十島にはその上流にダムが出来ていなかったので、川の流れが相当に激しかった。富士川や木曽川なども、遠くから汽車で見ると何でもない川のように見えている。ところが、川っぷちに立って見ると案外そうではない。向こう岸に渡るために浅瀬を辿って行くときでも、足もとの砂が水で激《げき》されて掘れるので、リュクサックに大きな石を入れて重しにしなくては足を掬《すく》われて流される。

垢石は私が尻込みをすると、

「お前は、水というものを知らなくっちゃいけねえ。抱けるだけの大きな石を抱いてもぐるんだ。」

と睨みをきかせた。

私は止むなくパンツ一つになって、抱けるだけの大きな石を抱いて流れのなかにもぐった。囮を外して川から出ると、私の腕時計は硝子が毀《こわ》れダイヤルが毀れて用をなさないことになっていた。当時、腕時計は紐を外に、時計を内側にする風習が一部にあったので、私もそれに従っていた。

「しかし垢石翁は、鮎を釣るときには、姿も技術も心境も見事でしたね。」

私がそう云うと、

「ほんと、きたない釣服を着てましたが、川へ行くと実に立派でしたね。」

と源一さんが云った。

鮎を釣って囮をつけかえるときの垢石は、いつも釣竿をまっすぐに立てていた。軽妙に囮を扱っていた。五間の竿を片手で軽々とあげていた。囮箱を持って身軽に山裾の小道を歩いていた。

垢石は東京にいるときには飲んだくれていたが、川へ行くとがらりと人が変ったように謹直になっていた。宿に着くと節酒して早く寝た。朝は、私のまだ寝ている間に、川のコンディションを調べて来て、それから私と一緒に朝飯を食べた。

初めての土地へ行くと、その土地の釣師に宿へ来てもらって、川の様子や特徴を根ほり葉ほり聞いていた。どういうものか私は、世間の釣師の云うような垢石のデカダンぶりは、旅先では一度も見たことがない。今でも私は垢石のことを立派な釣師であったと思っている。

昭和時代（中後期）の地方の仕掛け

以前はいろいろな仕掛けが各地にあり、他の土地の仕掛けや道具を見るのが楽しみの一つであった。『アユ　生態と釣法』（世界文化社　昭和59年刊）から、その仕掛けの一部を複製イラストで紹介してみよう。

朱太川の友釣り仕掛け

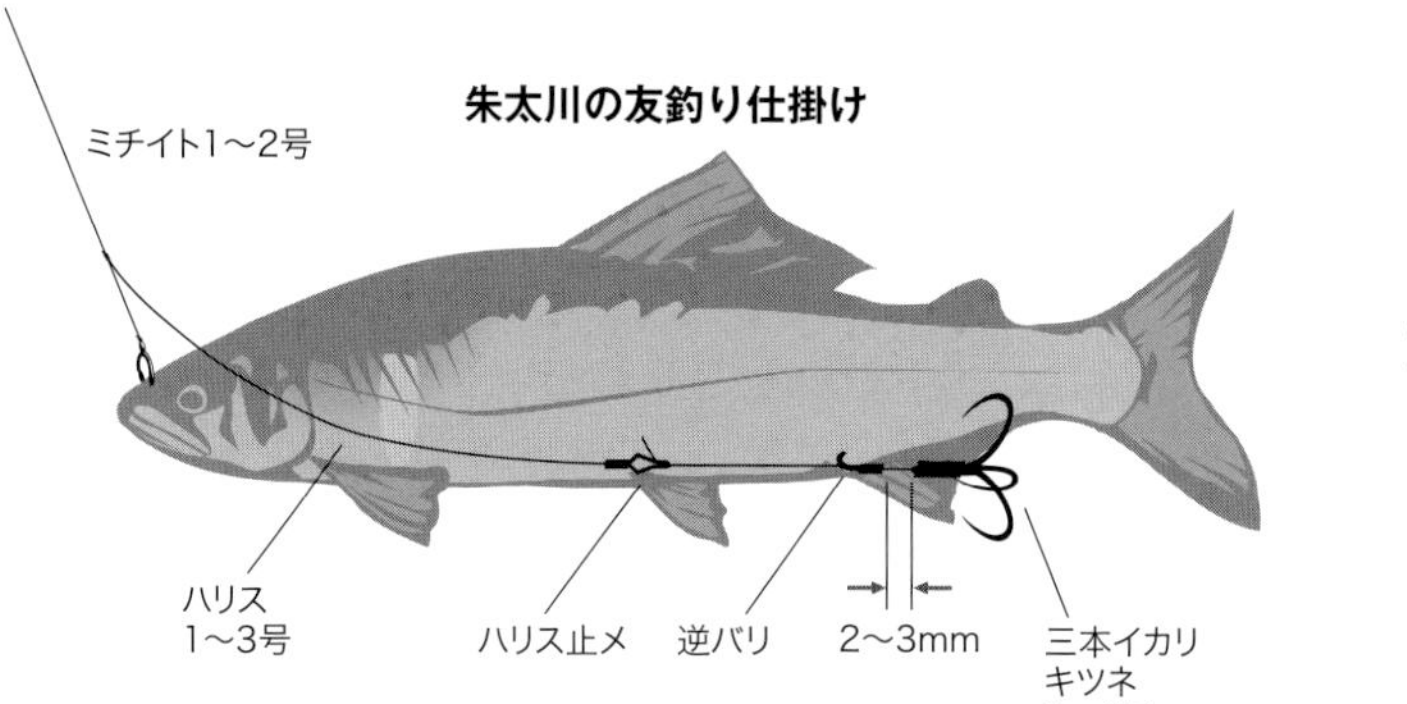
8～9号
逆バリに近いので
根掛かりしづらい

朱太川は北海道の日本海へ注ぐ河川。30年以上前に尻別川へ釣行した際もこれとほぼ同じ仕掛けであった。ハリの位置はもう少しうしろで、尻ビレと尾ビレの中間くらいだった。

金沢の両ヒゲ仕掛け

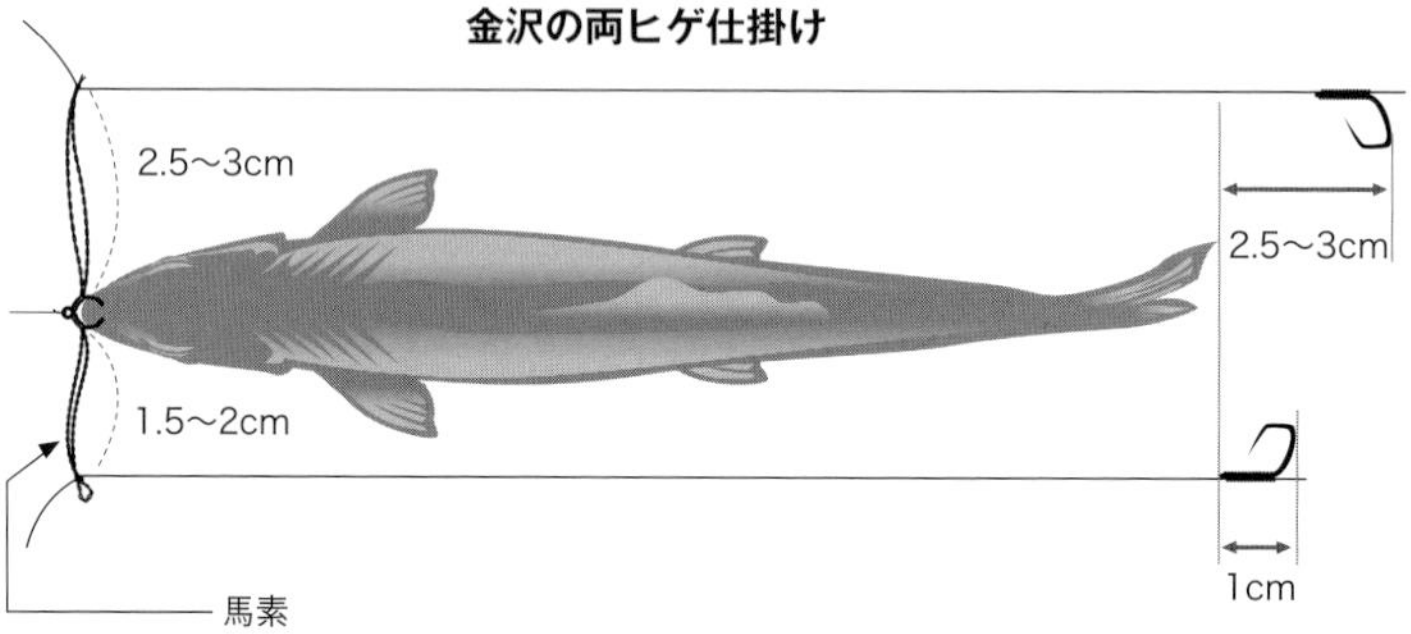

これを使うと泳がしたオトリがどうなるのか、野アユが掛かったらどうなるのか？　両ヒゲ仕掛けはとにかく一度試してみたい仕掛けのひとつだ。一度に2尾掛かれば、うれしさも2倍になるのか!?

宮川の尾掛け鈎仕掛け

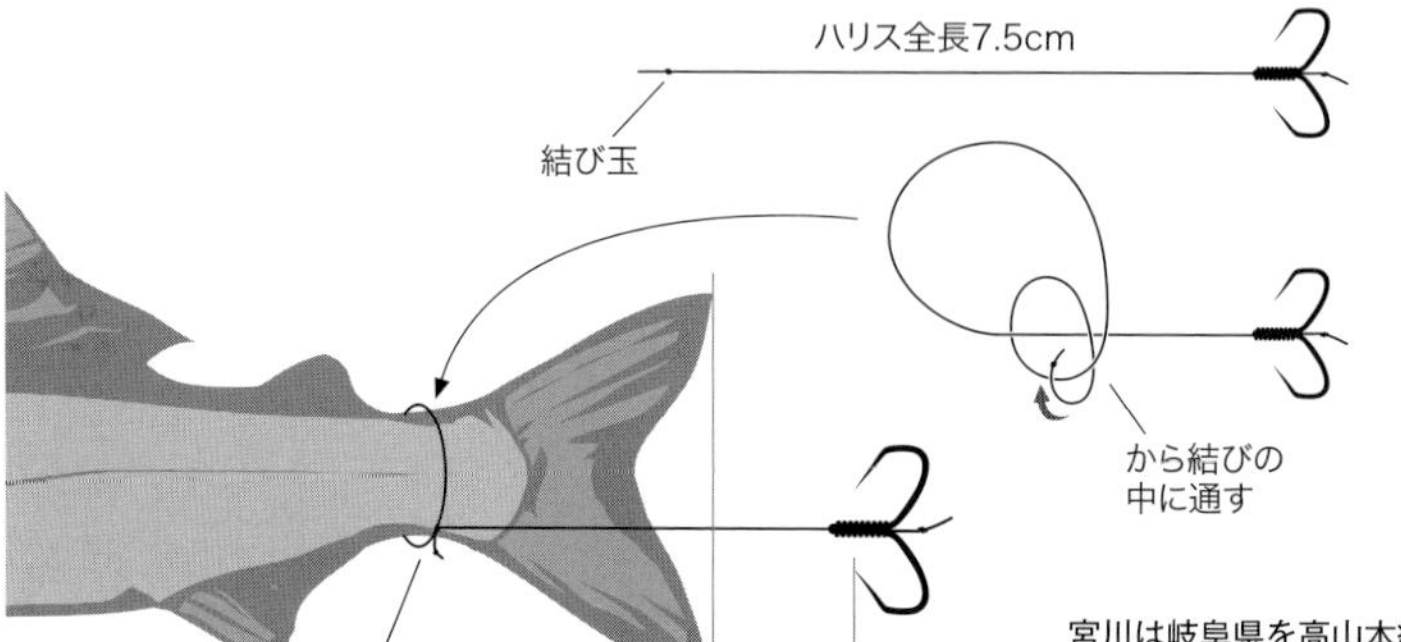
輪を強く締めつける
0.5～1cm

宮川は岐阜県を高山本線に沿って流れ下り富山県で高原川と合流し、神通川と名を変える。自動ハリス止メが一般化する以前はハリスに結びコブを作り、掛けバリをから結び（投げ縄結び）かチチワで尾に接続した。

奥長良の松葉仕掛け

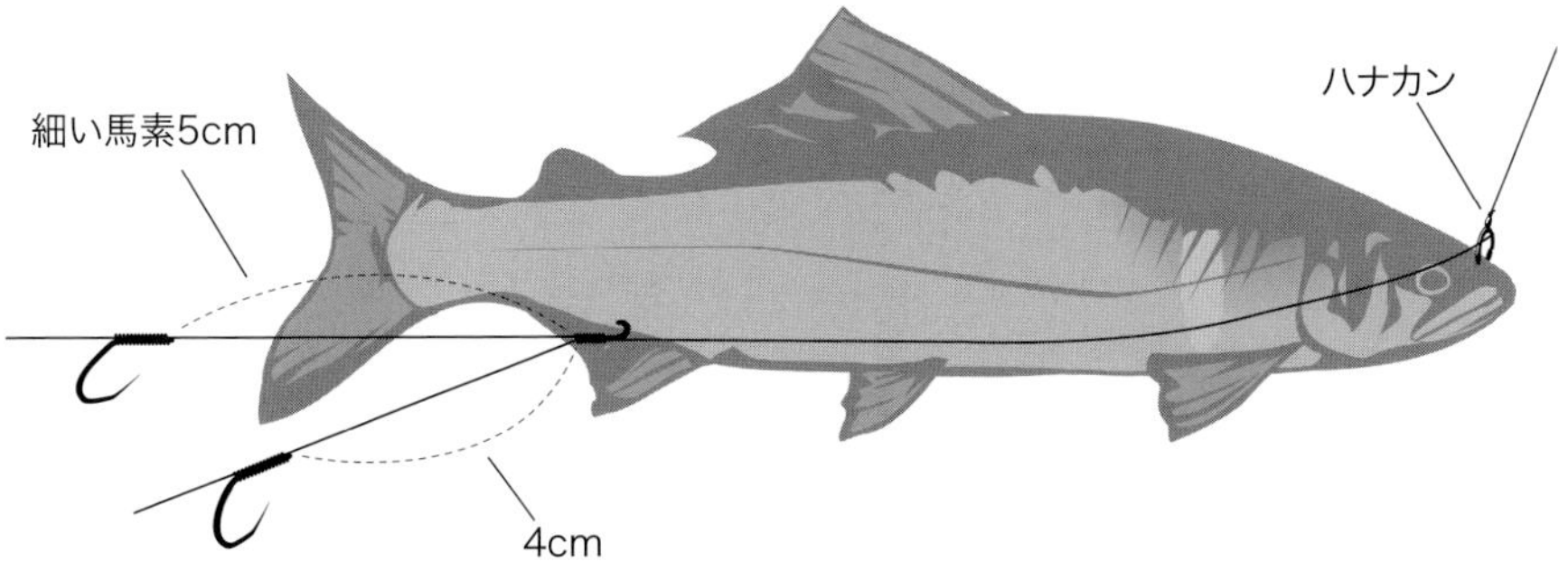

逆バリは固定式にして長・短2本の馬素を一つ結びにする

奥長良で使用されていたという松葉仕掛けは、イカリが一般化してからあまり使われなくなってしまった。別名「蛙又」（かわずまた）とも呼んだ。

吹き流し式（紀ノ川茜屋流）

かつては鐘木を使った吹き流しも作られた

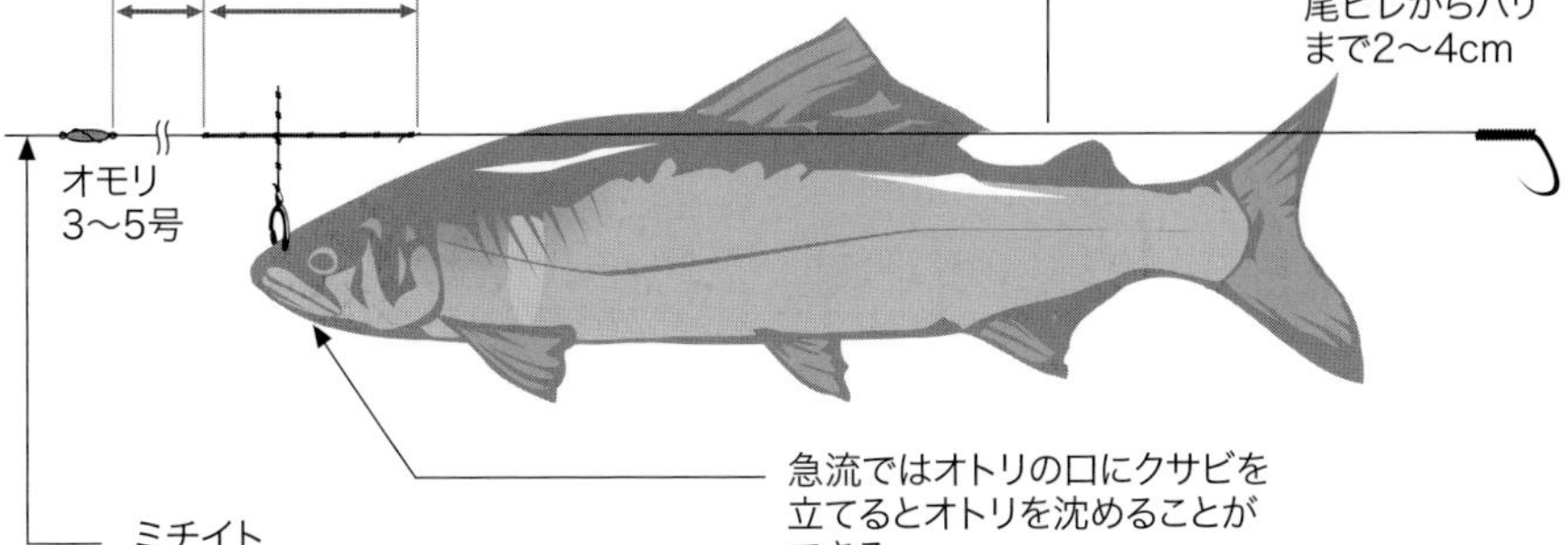

私が友釣りを始めた頃（今から40数年前）は、2本チラシの吹き流しが瀬釣りでけっこう使われていた。「オトリの口にクサビ……」は、ルアーの潜行板のような効果でアユを沈める。ただし5号以上のオモリを必要とするような激流では、アゴの蝶番が外れたようになり口が大きく開き逆効果になる。

撞木仕掛けは、他の地方でも昔から使われていた。背に通すほか、撞木を鼻に通す使い方も一般的であった。撞木バリは、昭和時代から近年まで「がまかつ」が販売していたが、現在は販売中止となっているようだ。

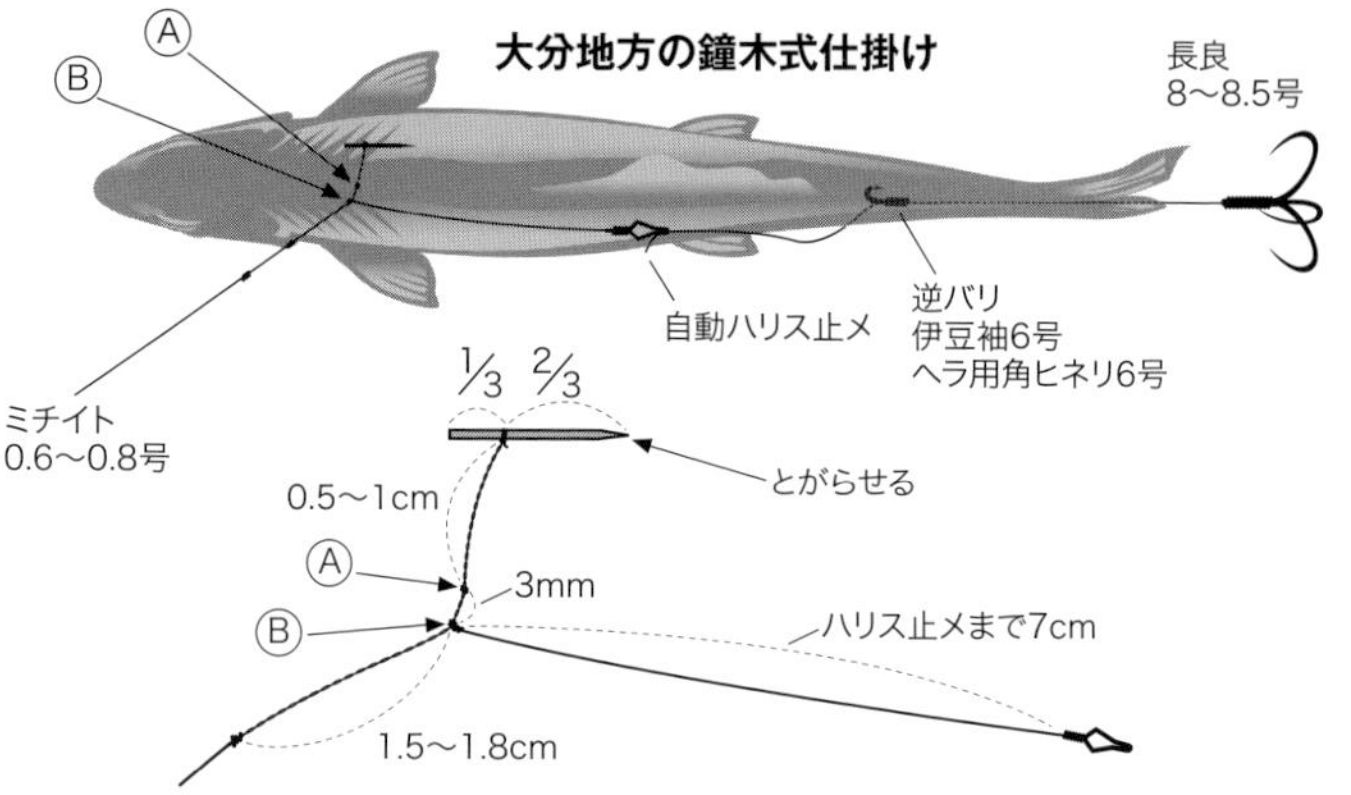

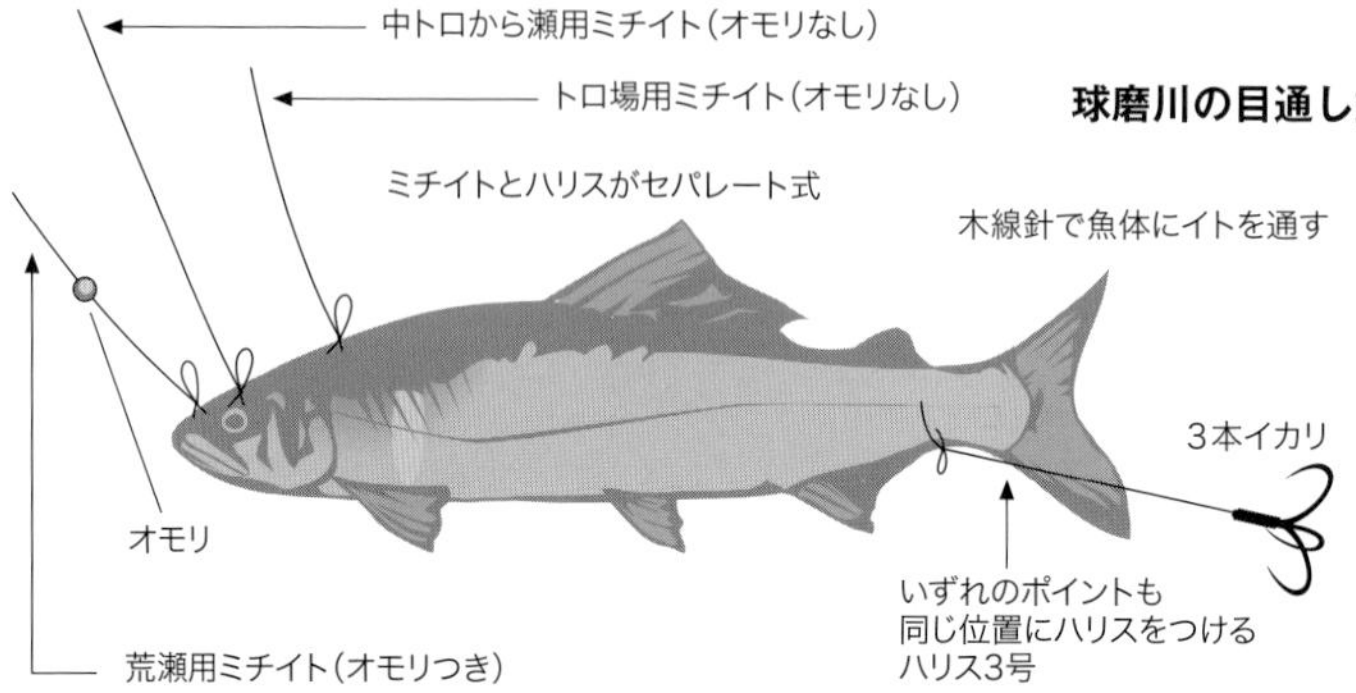

この目通し仕掛けで球磨川の尺アユを釣ってみたいと思うのは私だけだろうか。アユを吊る支点が目の上というのが、オトリを自然体で泳がせる道理にあっているのだという。

昭和 50 年代までの代表的掛けバリ
（がまかつカタログより）
「矢島」は掛かりがよいが身切れしやすい。「キツネ」は掛かりは遅いがバレない、などといわれていた。

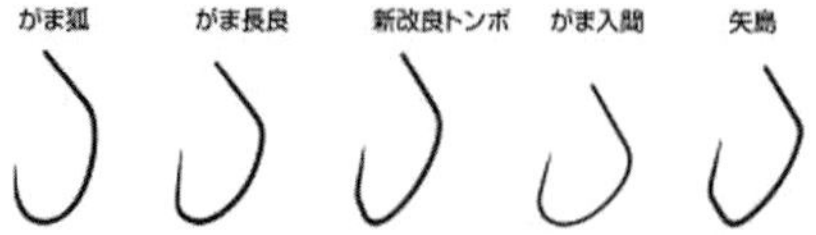

昭和 50 年代に岐阜県釣行の際に購入した、背バリ仕掛け。カギバリを頭の少しうしろに刺して使用する。カギバリは編み付け移動式になっている。

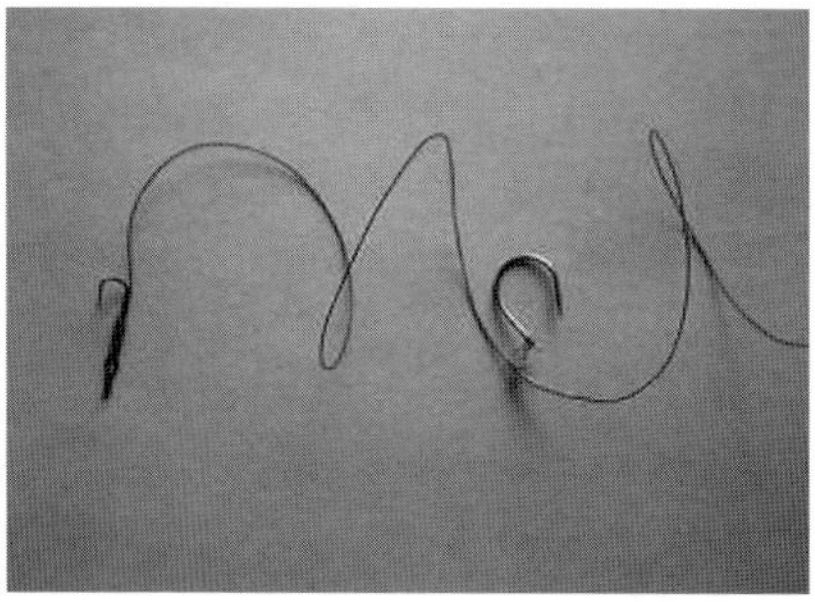

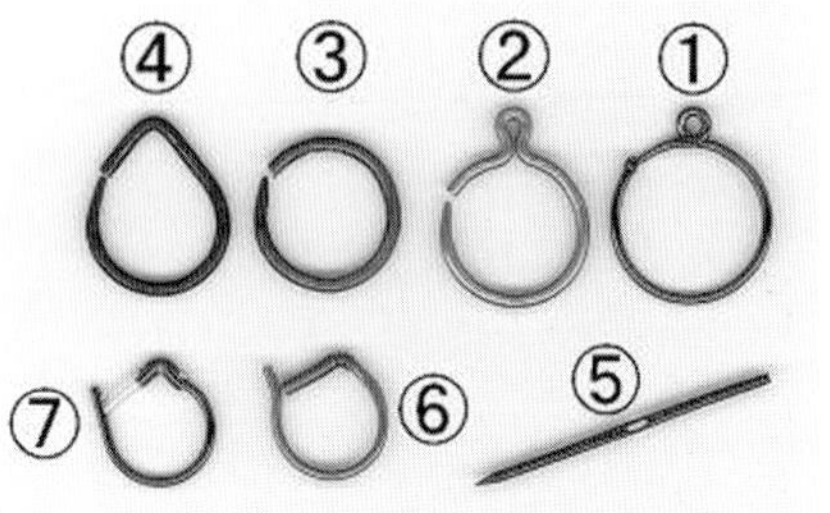

上段：昭和時代に使われていたハナカン
①フック式 10㎜
通常は金メッキのフック式８㎜が多く使われた。
②洋銀９㎜、大アユ用
③銅８㎜
④銅８㎜藁科型中（私の愛用で大中小があった）
⑤撞木バリ全長 22㎜
⑥、⑦は平成に入り一般化したワンタッチハナカン７㎜、６．５㎜
（写真は実寸より大きく表示されています）
昭和 50 年頃までは、１㎜の銅線、燐青銅線を③のように環状に曲げて自作する人が多かったと記憶している。

3．現代友釣技法の発生

現代友釣り技法はいつ頃出てきたのか、小生の友釣りとの出会いと経験から推測してみたい。これは、あくまで個人的な見解であって一般に認められていることではないことを、あらかじめお断わりしておきたい。

友釣りノウハウの情報公開のきっかけになったと思われるものに、静岡新聞社が昭和40年代後半に新聞に連載したあと、昭和50年に単行本として出版した『静岡の友釣り』上巻、下巻がある。上巻では「技術の極意と上達法」と副題し、アユの習性、天然アユと放流アユ、釣り具、仕掛けとその工夫、石アカの見方、オトリの扱い方、サオの操作、取り込み、釣り場の見方・選び方……と、アユの友釣りに関するノウハウが余すところなく述べられていて、当時としては画期的なものであった。

下巻は静岡県下の各河川のアユ釣り場の案内で、川、道路、オトリ屋、ポイント（瀬、淵、トロ）の解説がなされており、初めての川でも安心して釣行できるものであった。この本を読んで、先輩たちに川原で話してもらったり教えられたりしたことが、初めて自分で理解でき、納得できるようになったことを記憶している。

カーボンロッドを駆使した競技選手が生んだ現代友釣り技法

アユ友釣り技法に関する状況が大きく変わったのは、昭和40年代後半に「オリムピック釣具」社が世界初のカーボンファイバー製の友釣りザオを世に送り出してからのことである。

カーボンファイバーのサオは驚くほどに軽くシャンとして張りがあり、和竿のように魚信も明確で、しかもグラスロッドと同じように釣行後の始末も簡単という、このうえないものであった。ただ、発売当初の値段は和竿と同じくらい高価であったように記憶している。その後数年を待たずして各社からカーボンファイバー製の友釣りザオが発売され、価格も急速に下がり一般サラリーマンにも手の届くものとなっていった。

カーボンファイバー製が世に出たから現代釣技ができたわけではないが、現代友釣り技法が生み出されるには軽くて長いカーボンファイバー製友釣り用ロッドの出現が必須であった。

競技会によって生み出された現代友釣り釣技

昭和52年「がまかつ」が主催する「全日本アユ釣り選手権」というアユ友釣り競技会が始まり、その5年ほどのちに「ダイワ」が後援する「全日本アユ釣り王座決定戦」も始まった。これらの競技会は、それまでの大会にはない厳格なルールによって実施され、全国から予選を勝ち抜いた選手により決勝戦が行なわれ、真の友釣り実力ナンバーワンが決められた。以来、厳格な競技ルールで新聞社やメーカーが主催、後援するいくつかの全国規模のアユ釣り競技会が毎年場所を変えて開催されることとなった。

近代釣技が伊豆の釣り人達のあいだの競争によって確立されたのと同様に、現代釣技は全国各地から集まる各競技会出場選手達の創意工夫、研究と切磋琢磨によって生み出されていったのである。

それと同時に友釣り用のサオにかぎらず、ハリ、ハリス、水中イト、仕掛けが年々改良されたのは、競技会出場選手達を通じ各メーカー間での開発競争が行なわれたからである。

これら全国規模のアユ釣り競技会から現在のアユ

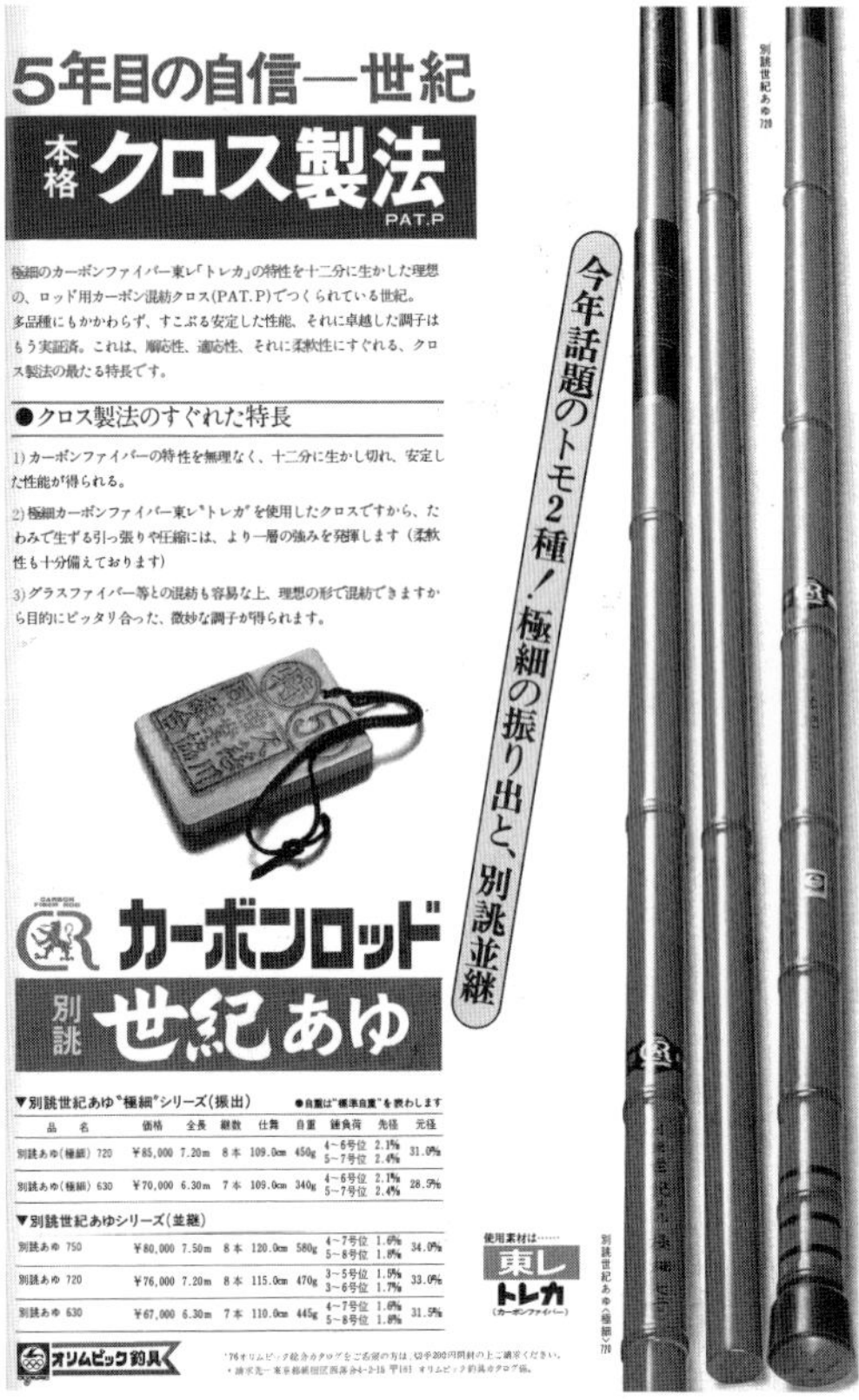

昭和47年「オリムピック釣具」社が発売した世界初とされるカーボンロッド『世紀あゆ』。写真はそのニューバージョン『別誂　世紀あゆ』。昭和51年『月刊つり人』7月号より

釣り界で名を馳せる名手達が誕生し、彼らの開発した現代釣技が釣り雑誌や書籍で公開されたのだ。泳がせ釣りの永井茂氏や大西満氏、瀬の泳がせイナズマの鹿嶽茂氏、イナズマ釣りを完成させ引き抜きを広めた村田満氏などが好例であろう。

そして、アユ釣り競技会の上位入賞者のサオ、仕掛け、釣技が釣り雑誌や書籍で公開されたことにより、全国の友釣り愛好者のあいだに同時並行的にその情報が広まったのである。

東日本、特に静岡県の友釣り愛好者のなかには「泳がせ釣り」は狩野川、安倍川筋を中心として「立て釣り」(別の土地では「言わせ釣り」ともいわれた)という名で昔から行なわれていたものと同じだという人もいると思うが、それらは外見的にも釣法としても似ているが、両者の間にはかなりの違いがある。

「立て釣り」は理論化も体系化もされておらず、土地の職漁者や上級者のあいだで口伝によってその技法がゆっくりと広がっていったのに対し、「泳がせ釣り」は理論化され体系化されており、その技法と理論が書籍(『新しい友釣り』大西満著、釣の友社昭和54年刊)や雑誌などによって全国に公開されたのであった。

そして、この泳がせ釣りは、そのネーミングの響きよさもあって(名付け親は報知新聞社釣り欄担当をしていた佐古田修一氏)全国の友釣り愛好者に試され、その釣技の優秀さと威力が証明され一世を風靡したのである。郡上の漁師達に使われていた「オバセ」という言葉が全国に広まったのもこの時からである。

この泳がせ釣りを研究開発した長良川出身の永井茂氏は、その完成した泳がせ釣りで、土地の職漁師の5倍、10倍を釣りあげてド肝を抜いたとも伝えられる。以来多くの友釣り技法が発表され、現在も道具の進歩とともに年々その進化を続けている。

近代釣技と現代釣技の違いとは何か?

サオ、ハリスなど友釣りの道具は昭和50年(1975年)以降、それ以前とはくらべ物にならぬほど進歩したが、それらの原理そのものは以前と大きく変わるものではない。しかし、軽いカーボンロッドと強靭な極細イトの使用によって、近代の友釣りから抜け出した新しい考え方による現代友釣り技法が生まれた。

近代友釣り釣技と現代友釣り釣技の大きな違いは、オトリ操作における発想の転換である。

近代友釣り釣技では釣り手が自分で判断した好ポイントへオトリアユを引いていき、あるいは誘導して釣ったのに対し（「オトリを引く」という言葉が今も使われている）、現代友釣り釣技ではオトリの意思で自由に泳がせ、あるいは演技させて野アユのナワバリ意識を触発して釣るのである。しかも、オトリは常に釣り手の管理下でコントロールされており、その管理範囲内でオトリは自由に泳ぎ、あるいは演技して野アユを挑発しているのである。詳しくは現代釣技の名手たちが出している書籍を読んで確認していただきたい。

現代友釣り釣技は、普通の友釣り愛好家にとっては理解するだけでも大変なもので、それを会得するとなると生半可なことではかないそうもない。それは、サンデーアングラーが10年、20年とやっていても会得できないかもしれないほど繊細で高度で集中力を要する釣技だと思うのである。

古くて新しい「引き釣り」の復活

全国の河川で冷水病が猛威を振るうようになり10数年以上になる。その対策として湖産稚アユの放流が減り人工産の放流が増え、近年は全放流量の半数を超えるまでになった。

以前とは性格の異なるアユに合わせ友釣り技法にも変化が出てきた。それは「泳がせ釣り」から「引き釣り」への回帰である。30年以上も前に主役であった引き釣りが、その技と装いを新たにして友釣り釣技の主役に復活してきたのだ。

そのメカニズムはメタルラインや複合メタルと高感度カーボンロッドの組み合わせによるものである。ある人達はソリッド穂先と複合メタルがよいと言い、一方ではチューブラーロッドの引き釣りがよいと語る人達もいる。しかし、昔のように手尻を1ヒロ以上取るようなことはないし、荒瀬・早瀬だけで釣るということでもない。昔は大きいアユを瀬で釣るための引き釣りであったが、今は数釣りのための引き釣りに変化しているのだ。

追い気が弱く群れやすい人工産を効率よく掛けるには「引き釣り」のほうが効果的らしい？

鮎友釣りの起源とその技法

「らしい」というのは、近年アユ釣りトーナメント優勝者の多くが引き釣り（引き系釣技）を得意とする選手であり、雑誌記事やカタログ説明でも主にそれが書かれているからである。

そのうち冷水病ワクチンが完成して湖産放流が復活するようになると、その時にはまた別の釣技が出てくるのかもしれない。

「現代引き釣り」について、つり人社の鈴木康友氏は『鮎釣り烈士伝』で以下のように述べている。

「発売当初は、つなぎ目やキンクですぐ切れるといわれた金属ラインが〝編み付け接続法〟やラインの改良により、0・1号とか0・07号（ゼロゼロセブン）という超極細で20㎝くらいまでなら引き抜けるということで、釣り人の間に定着したのです。

金属ラインは〝上飛ばし泳がせ〟は不向きということで、この金属ライン登場を境に、アユ釣り技術は、泳がせ釣りから次第に引き釣り全盛へと変遷していきます。

そしていまでは、金属ラインのオトリ感度を最大限に生かすサオが主流になり、釣り方もオトリの動きを釣り人が管理する〝管理引き釣り〟の時代になっています」と。

鈴木康友氏をして「金属ラインは〝上飛ばし泳がせ〟には不向き」といわしめたが、それを克服するソリッド穂先のテンションを利用した新たな泳がせ釣法なども出現し、友釣り技法は年々歳々その様相を変え、とどまることを知らない。

現代友釣技法の黎明期から2006年までの現代釣技については、『鮎釣り烈士伝』（鈴木康友著）」（2006年7月、つり人社より出版）に列伝の名手達により開発された、村田満氏の〝カニ横釣法〟から伊藤正弘氏のソリッド穂先（オートマ釣法）まで、友釣り技法が詳しく紹介されている。2006年～現在までの友釣りシーンについては、P96に掲載

近年は数を釣るための引き釣りが注目を集めている

垢石が書いた鱒二の釣り姿

P54で紹介したように初めての友釣りで井伏鱒二が石を抱いて流れに潜り、根掛かりを外した時のようすを、彼に友釣りを教えた佐藤垢石は『つり姿』（昭和17年発行）の中の一編「釣姿漫筆」に記している。「釣りには、嫉妬心を最も禁物とする」と書いてあるが、確かにそうである。しかし、他の者が多く釣るのを妬んだり、うらやんだりせずに悠々と釣りをするということは、凡人にはなし難いことだ。

釣姿漫筆

・・・・・・・・・・（中略）・・・・・・・・

私の釣友の一人である小説家の井伏鱒二の釣り姿は、まことに悠々迫らぬ趣を持っている。静かにそしてゆるやかに、釣趣を耽美するという風だ。

鱒二の文章には、鱒二の人柄がよくでている。誰の文章でも、個性は失わぬものだが、鱒二の文章を読むと、鱒二が飄々と野路を歩いているのに、逢うような想いがする。釣りも同じで、その人々によって姿とか振舞とかに異なったところのあるものであるけれども、鱒二の釣場に在る持味というのは、寒山拾得の匂いがある。全く、枯れきっている。

だからと言って、鱒二は不満に思うかも知れないが、鱒二の釣りは永年の経験を持つものではない。しかしながら、鱒二に竿を持たせて水辺に立てると、その釣り姿が板についている。まことに、妙なことであると思う。

実をいうと、鱒二は私の釣弟子なのである。四、五年前、甲州の富士川の十島河原へ伴って行って、鮎の友釣りの手ほどきをしたことがある。そのときは、八月末か九月のはじめで、鮎は肥育の絶頂に達して、七八寸の長さで四、五十匁。まれには、六、七十匁の大ものが掛かってくる季節であった。

鈎の結び具合から、囮鮎の鼻の穴へ鼻鐶を通す次第。竿捌きのあんばい、囮鮎を水底へ巧に泳がせる方法など、私が細やかに実演してみせると、鱒二は直ぐ会得してしまったらしい。やがて、鱒二は自ら竿をとって、私が教えた通りにやりはじめた。見ると、からだのこなしや、竿の持ち方まで、はじめて友釣りを試みる人とは思えぬほどである。静かに竿を上流へ引きあげて行くうちに掛かった。彼は、苦心に苦心を重ねて掛かった鮎を、岸際へ引寄せそれを手

竿話休題②

網で掬いとった。

それがなんと五十匁もある大鮎ではないか。沈着の彼でも、さすがに胸の動悸を抑えきれぬという態である。囮鮎をとりかえてから、さらにそれを急流のなかへ泳がせて行ったところが、少し錘が重過ぎたためか、糸が水底の岩に噛まれて上がってこない。このまま糸を切ってしまえば、囮鮎を失なってしまうことになる。

そこで、私が言った。鮎の友釣りには、囮鮎を大切にすることが、作法である。だから、ここでは切ってはならぬのだ。この激流のなかへ飛び込み、潜り込んで糸を岩からはずし、囮鮎を取ってくるがよい。しかし、この奔湍《ほんたん》の底へ潜り込むのは、大抵の業ではない。それには、一貫目程度の石を左の腕に抱え、頭を下にして潜り込めば、容易に水底に達する。これは、なかなか恐ろしいことだが、貴公にやれるかと問うたところ、師匠の教えとあらば、敢然としてやると言うのだ。

ついに彼は決心したらしい。裸になり石を抱え、ざんぶと流水のなかへ飛込み、水底へ潜り込んで、囮鮎を取ってきた。それで安心した。が、水へ入るとき腕から時計をはずして置くのを忘れたため、彼が大枚を投じて求めた腕時計は、水底の石に當ってめちゃめちゃに壊れていた。向こうずねからも肉が破れて、鮮血が流れていた。

途方もないことを教えたものだと、私は悔いた。けれども、鱒二の勇気と、釣りの作法に忠実なのには驚いた。貴公は、将来ひとかどの釣り人になれるであろう。と、言って大いに劬《いたわ》ったものだ。

それから、また釣りはじめた。彼は自分の釣り場を守り、釣り場の個性を味うように、一二町の間を上下して、決して私等の釣場の方へ色目など使ふ風は無かったのである。

釣には、嫉妬心を最も禁物とする。他の釣人が、いかに数多く釣らうと、それをねたむ心が起こってはならぬ。自分は自分で、自分の釣場を研究し、親しんでそこで釣らねばならない。

と、いふ道理があるのである。鱒二は、いつの間にか、この道理を心に解してゐたと見える。

脇目もふらず虚心の姿で釣ってゐたが、たうたう夕方河から引きあげるまでに、大ものを七八尾釣りあげた。初心者としては、素晴しい手柄であった。

これは、鱒二が虚心の姿で、わが釣場を物してゐたためであったらう。

釣の道は、人生の道と相通ふところがある。釣に嫉妬は禁物であるやうに、人生にも嫉妬心は魔物である。その心に打克つことは、一つの修養である。やきもちは、人間の弱點だ。これを抑える一つの修養でも、並大抵のことではない。

他人が発見した釣場へ割り込んで、そして数多く魚を釣ったところで、それは自ら顧みて愉快ではないのである。人間が世に處する道も、これを撰ばない。吾等は、先輩の訓へをよく守り、そして人生のわが釣場に、謙虚な心を持って、親しまう。

【第3章】友竿の変遷

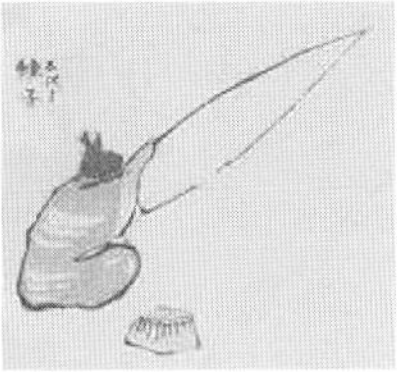

友竿（トモザオ）
アユの友釣りに用いるサオを友釣りザオといい、これを略して友竿という。また、友竿は、オトリを用いて釣るサオゆえ、オトリザオともいう。
（『和竿辞典』5代東作《とうさく》・松本栄一　昭和41年刊より）

1．職漁師の友竿

「友釣りの起源」でも述べたが、伊豆狩野川の漁師が継ぎザオを各地に伝えるまでは、漁師がその土地の竹で作った簡素なノベザオが用いられていた。多くのものは、刈り取った竹の先に石を付けて木につるし乾燥させたあと、火で簡単にクセを取った程度のもので1年ほどの寿命だったようだ。

伊豆狩野川の漁師たちが各地に伝えた継ぎザオは、それぞれの川で、その川に合ったサオに発展していった。

これらは、土地のアユ漁師とか他の職を持った者が生業のかたわら職漁師のために作ったものであった。もちろん、釣り具商や竿師も漁師向けの継ぎザオを作ってはいたが、自らアユ釣りをする者が作ったサオでなければ40～50匁（150～187・5g）以上もあるアユを奔流から釣る用をなさなかった。

今も、その名が知られているものに、郡上竿、上州竿などがある。

「鮎友釣りの起源と技法」に述べた山下福太郎の

兄・定次郎は、生業の床屋のかたわらアユ用のサオを作っていて河津竿と呼ばれた。素材は土地の矢竹で重く強く野趣に富んだサオだったという。定次郎の河津竿は昭和20年代、天城峠を越えて河津川へ出稼ぎに来た狩野川の職漁師によっても盛んに使われたという。

【郡上竿】

素材には矢竹、真竹が使われ、節は抜かずに甘皮を取る程度でそのまま使用される。

4、5、6本継ぎが主で、スゲ口には真鍮の管が巻かれ、胴には絹糸で段巻きを施し漆塗りで仕上げる。実用としてカシューを塗ったものも多く使用された。

郡上竿は穂先と穂持ちが命とされ、穂先の太さは割り箸ほどもある強いもので、アユが掛かり絞られた時にはサオ全体が手元まで曲がるしなやかさを持っている。

4間半（8・1m）で約350匁（約1・3kg）という重い剛竿であり、瀬、トロ、ドブ用に3～4種類が作られた。この郡上竿は、漁師が使用して10年は使えたといわれている。

掛けたアユは、瀬では郡上抜きで、トロ、ドブではタメてタモ（約9寸～1尺径）に取り込んだ。

郡上竿の誕生経緯

昭和に年号が変わって間もない頃、美並村の若い釣師・福手俵治（明治36年生）が友ザオ作りに興味を持ち、当時八幡町で唯一軒サオ作りをしていた釣り具屋・三原屋でサオ作りの基礎を習った。郡上の竿師も釣り人も、伊豆狩野川筋の職漁師が持ち込んだ3本継ぎか4本継ぎを初めて見てから間もない頃で、継ぎザオを作るのは初めてのことであった。

三原屋と福手俵治が継ぎザオを作り始めてから数年後の昭和7年、伊豆から大和村河辺に移住していた山下福太郎が美並村深戸へ住まいを移した。山下は3～4本継ぎで手元から3番までの差し込みにブリキを巻いた伊豆式の継ぎザオを作り、郡上近辺の漁師達に売っていた。彼のサオは穂先の太い胴でタメるタイプで、山下竿を使った釣り人は使いよく丈夫だったと、異口同音に答えたと伝えられている。

三原屋はアユ釣りをしなかったのでサオの調子をどう調えればよいのかが分からなかった。福手俵治はアユ釣りで知り合っていた山下の作業場へよく通い、郡上の奔流で40～50匁（150～187・5g）のアユを掛けるためのサオ作りを教わった。その頃、もう一人の若い釣り人・安田幸太郎（明治41年生）がサオ作りを教えてほしいと三原屋と福手のもとに来て三人で始めた。安田幸太郎は初めて差し込みに真鍮の金具を付けたり4本継ぎを5本にしたりし、石突きや笛巻きの改良なども行なった。

ここに初めて福手俵治、安田幸太郎の二人によって郡上竿が作り出されたようだ。二人は郡上竿師として、またアユ釣り師としても郡上きっての名手となった。その後この二人は、山下とはアユ掛けからサオ作りまで教えたり教えられたりする仲になったという。

（『釣り文化』15号1985年、16号1986年「伊豆狩野川の鮎の友釣り技法の伝播・常盤茂雄」に基づく）

福手俵治の息子・福雄氏（昭和10年生）が郡上市美並町三戸（旧郡上郡美並村三戸）の福手釣竿製作所で現在も郡上竿を製作販売している

私が耳にした郡上のエピソード

平成11年夏、郡上八幡を訪れた際に、旧八幡町役場から一つ下の宮ヶ瀬橋の上で、近所の吉田川畔にお住まいの上品な老紳士にアユ釣りの話をうかがう機会があった。老紳士のお名前をお聞きするのを忘れてしまったが、郡上では有名な故「長良の萬サ」（古田萬吉氏）と郡上竿師（渡辺氏）を、かなり以前にNHKテレビで世に紹介した人であり、若い頃には列伝の郡上釣り師達と吉田川や長良川でアユ釣りをされた方だそうである。

たぶん、郡上名人最後の生き残りである安福康次氏とも友人なのだろう。老紳士は「若い頃の私でも、郡上竿を持って一日アユ釣りをすると腕がパンパンに張って痛くなったものです。それを萬サ達は毎日漁でやるんですから」、「もう歳なので郡上竿でアユ釣りをするというわけにはいかないが、当時使っていたサオは今も取ってあり、出してくればすぐに使える」と、今にも愛用の郡上竿を出してきて釣りを始めたいような語り口であった。

「〝郡上の鮎〟とは、役場のあたりから上流1㎞くらいまでの間で釣ったアユのことをいうのです。お盆の頃になると石に青いコケが付くようになり、その青いコケを食んだアユは香りも味も最高のものになる」と教えてくださった。また「昔はお盆頃にもなると100匁（375g）くらいで、腕ほどの太さがあるアユがいくつも釣れたものだ」とも語ってくれた。

2. 釣り愛好家のための友竿（和竿）

「友釣りの起源」にも述べてあるように、友釣り愛好者のためのサオは、大正後期から昭和中後期にかけ江戸東作一門をはじめとした各地の和竿師により、釣り愛好家のための友ザオが数多く作製された。

江戸和竿師のなかで、有名なのは東吉（本名・宇田川吉太郎　昭和32年没）で、アユ用のサオにその生涯をかけた竿師といわれる。友ザオを研究、洗練させ、軽くて調子のよい東京式を確立し、東吉のサオはサオ作りの手本ともいわれた。

前橋竿の都丸（トマル）は自らも友釣りを行ない、真竹のうきす竹を用いて優れた友ザオを世に送り出した名人肌の竿師といわれた。大正末に奥利根に移り住んだ伊豆の（土屋）嘉一も友ザオ作りの講習に幾度となく都丸のもとに通ったという。

都丸のサオは、かの佐藤垢石（昭和9年『鮎の友釣』著者）が「魚が掛かってからの調子に例えられないうま味が生ずる」とし、愛用したことでも有名である。

佐藤垢石は『つり姿』（昭和17年刊）の中で、「竿の注文」として次ページでこのように書いている。

竿の注文

友釣竿をそろそろ注文してもいい時期がきた。私等のやうに多年鮎の友釣をやってゐる者から見ると、竿はどうしても輕いうえに胴にやはらか味を持ったものでないと、大物が掛かった時に、逃げられる率が多いやうに思う。それぞれ各地の竿を扱ってためしたが、利根川式乃至狩野川式のものに及ぶ竿はないやうである。

利根川では四間一二尺から六間位の長さのものを多く使ってゐる。しかし大體において四間半から五間半位のものが使ふのに手頃である。四間半から五間半位の長さはあっても、目方は百三四十匁から百七八十匁、どれでも二百匁以下のものを使ってゐる。本當に輕いものだ。しかも、胴に一種の柔軟性を持ってゐて、魚が掛かってからの調子に例へられないうま味が生ずるのである。

利根川地方は、八月の舊盆から六月にタケノコとなって出た新竹を切始め、十一月頃まで切續けるが、元竿にする材料は、時に二年子を使ふことがある。そんな關係で、利根川式の竿は、扱ひが荒いといたみやすい。

東京で出来た重い、そして肉の厚い竿と同じやうに見えて、亂暴な取扱ひをすると、折れる場合が間々ある、であるから、利根川式の竿は駄目だといふ人もあるが、それは利根川式の竿の本質と扱ひ方を知らない人の言葉であって、本當にこの竿の質を知ってゐたならば、無闇と折れてしまふものではない。また狩野川式の友釣竿も新子の篠を切ってきて作るのであるからこれも素敵に輕い上に、竿全體の調子にまことやはらか味がある。

主に長さは、四間から四間半のものであるが、この竿を使って見ると、東京の竿師、つまり友釣の何たるかを解さない職人が作ったものは、釣りの實際とは、全くその質に縁が遠くて興味が薄いのである。利根川方面でも狩野川方面でも既に切ってきた竹の脂を二度も抜いたから材料はでき上がってゐる。

これから竿の製作にかかる季節である。理想的には竿は注文したからといって直ぐ出来上がるものではない。早くとも三四箇月はかかる。今のうちに地方の竿師に注文して置かないと、釣りの季節がきてもその時に間に合はぬことになるのだ。それに古い竿を持ってゐる人も寒中に火を入れて置くと、竿の生命が長くなるものである。持ちたし、そして自分に手なれた竿は、大切に手入れして置くべきものであると思ふ、竿は釣人の生命だもの。

利根川式とは都丸義郎の友ザオと思われる。垢石は『つり姿』の別の一節で、奥利根後閑上流の月夜野橋下流で１００匁以上のアユを釣ったことがある、と書いている。ダムができる前、昔の奥利根の激流で１００匁（３７５g）以上を取り込む垢石の腕は並々ならぬものであったことがうかがえる。

和竿時代の友竿素材
適材適所の竹使いの妙

友釣り用のサオは、軽いほどよいので、その素材としての竹は「うきす（浮州）（矢竹）」または「半身（淡竹）」と呼ばれる半分しか身が入っていない竹を使用した。「うきす」も「半身」も、当年生えた竹を身が入らない夏の頃に刈り取り晒し竹にしたものである。

3間（5・4m）までは4～5本継ぎ、4間1尺（7・5m）までは5～6本継ぎ、4間半（8・1m）までは6～8本継ぎくらいが適当とされ、2本仕舞が定法になっていた。したがって、仕舞寸法は短いもので1・05m、長いものでは1・5mくらいある。

江戸和竿の素材は、穂先には節の詰まった野布袋（野生の布袋竹）の古竹を用い、穂持ちから3番までは矢竹の半身または中半身を用い、3番が太くなる4間半物では俗に「お化け」と称する矢竹と女竹の交配竹の半身または中半身を用い、2番と手元には淡竹の半身または中半身を用いる。

江戸和竿の場合、その重量は4間1尺（7・5m）で170匁（638g）が標準とされた。一般には3間半ザオで400g前後、4間半ザオで700～800g前後の目方があった。

五代目東作（松本栄一　大正4年生まれ、昭和47年没　享年57歳）は「ドブザオや友ザオのように特に目方を重要視するものの場合には、掛け目（納めたままサオを秤ではかった目方）と、持ち目（継ぎ上げたサオを手に持って感じる目方）がよく問題になるが、サオの軽重を選ぶには後者によるほうが本筋とされている。

一般に掛け目を提示して軽いサオを求めたがる傾向が強いが、軽量のサオはそれだけ力が劣るのであるから、馬瀬や千曲などに類する大川のアユをねらう場合には、体力の許す範囲で目方のついたサオを用いるべきである。ただし、その選択にあたり持ち目を考慮に入れることはいうまでもない」と述べている。

持ち目とは、継ぎ上げたサオのモーメントの大小のことで、サオの先端部（穂先、穂持ち、3番）へいくほど軽量な物はモーメントが小さいので、同じ総重量のサオでも先端部の軽い物は手に持った時に重さをあまり感じない、ということを述べている。

ちなみに昭和40年頃の和竿の基準として、友ザオに適する仕掛けはナイロン・ミチイト0・6～1・5号、ハリス1～1・5号、オモリ5号までとされており、サオの力は目方400gまでの負担に耐えられるものとされた。

竹竿の利点は、オトリの動きやアタリがきわめて鋭敏に手もとに伝わること。竹竿は野アユに追われるオトリの動きまで釣り人に知らせ、野アユが掛かった時には肘までその響きが伝わる。

竿師が親方となり、職人、徒弟を養成してサオ作りを専業に大量生産する者もいたし、顧客や釣り具商からの個人注文を受けて誂え品だけを作製する者もいた。前者は並竿師、後者は上竿師と呼ばれた。

上竿師がそのサオ作りの技術を習得する修行期間はきわめて長く、竿師のもとに徒弟として住み込み、それからまる7年の年季を勤め上げて一人前と認められた。いずれにしても竹を素材とした釣りザオは、職人によって素材が吟味され、その素材に合わせて釣り手の好みも考慮し手仕事で作られた。特に長尺物で軽さを要求された友ザオの工程は180にも及ぶことから非常に高価であった。

昭和7年発行『鮎を釣るまで』（博文館）に掲載された東作の写真

3. 地方の友竿

【足助竿】

矢作川支流の足助川・巴川の友ザオ。愛知県足助町で弓矢製造の鈴木武夫氏（1938年生まれ）の祖父が三河竿を参考に6～7本継ぎに工夫し完成。

素材には淡竹、ヤマト竹、矢竹を用い、穂先から手元に向けてかなり急なテーパーで太くなり、元と元2番に尻金を付けた2本仕舞に納める。

足助竿は3間半～4間の硬調子で、ミチイトをサオ尻よりも10～20㎝短くして用いる。それは、親（オトリ）を空中移送でポイントへ一気に投げ入れる方法を取るからである。取り込みもその場でサオを絞り、アユを水面から一気に抜き上げ、腰のあたりに構えたタモに受ける。この取り込み方は矢作川の「振り子抜き」ともいい、手尻が短いのでサオを立てるだけでアユが手元に来て、タモに納まる。

竹竿の扱いは水に濡らさぬようにすることが何よりも肝要で、釣り場でもサオを水に濡らさぬように心がける。もし水に濡れたら乾いた布で水分をよく拭き取り、特に差し込み口を丁寧に拭いて日陰の風通しのよい場所で充分乾かし、植物性の油を布に付けて拭く。

4．グラスファイバーを使用したグラスロッドの出現

昭和20年代後半になり、グラスファイバーと合成樹脂を素材としたグラスロッドが日本でも作られるようになり、エビス、オリムピック釣具、NFTなどの釣り具メーカーから次々と売り出された。天然竹のかわりに化学製品を材料としていたので、当初はケミカルザオと一種軽蔑の念を込めて呼ぶ人もいた。グラスロッドは次のような工程で作製された。

① グラスファイバー（直径5～10ミクロン）の撚り糸で織られた縦糸の多いクロスを設計に応じて所要の形状に裁断する。この裁断されたクロスをパターンと呼ぶ。

② パターンに樹脂（フェノール、ポリエステル、エポキシ）を含浸させたものを、マンドレルと呼ばれる芯金に巻き付ける。

③ 芯金に巻かれたパターンの全面にセロテープ（糊は付いていない）を巻き付ける。これはクロスに含浸させた樹脂の流出を防止するとともに、炉内におけるセロテープの収縮を利用してクロスをしっかり締め付ける役目をする。

④ それを炉に入れ、高熱を加えることにより、クロスに含浸されている樹脂を硬化させる。

⑤ 硬化後、芯金を引き抜くと中空のサオの素材ができあがる。表面に巻かれたセロテープを除去し、所要の長さに切断する。

⑥ 塗装しやすく、きれいに仕上がるように表面を研磨し、塗料を数回塗って仕上げる。

実はグラスロッドの出現は、釣ザオ界における産業革命だったのである。和竿は職人が天然竹を吟味し手仕事で一本、一本作られたのに対し、ケミカルザオと呼ばれたグラスロッドは工場で設計どおりに均質同一のものが大量生産される。これを機にサオ作りは経験と勘の時代から、物理と化学を使った工学の時代へと変化したのだ。

友釣りを庶民の釣りに変えた安価なグラスザオの誕生

グラスロッドが初めて出た頃は、腰がない、魚信が伝わらない、ペナペナだなど、とかく評判は芳しくなかったが、メーカーもそれらの不評を払拭するために研究、改善を重ねた。評判のよくないグラスロッドだったが安価で水にも強く丈夫であることから、しだいに多くの釣り愛好家に受け入れられていった。

海釣りにおいては、当初評判のあまりよくなかったグラスロッドがほどなくして主流になり、竹の和竿は一部の愛好家が使用する程度となっていった。

一方、アユ釣りではどうだったろうか。ドブ釣りにおいては、伸縮が自在にできるグラス製の振り出しザオがその機能性と取り扱いの簡便さによって、あっという間に主流になった。これはまたエサ釣り、毛バリのチンチン釣りにおいても同様であった。

友釣りでは少し事情が違って、化学材料を素材としたサオが和竿にとってかわるためには、カーボンファイバーの民生利用と釣りザオへの応用まで待たねばならなかったのである。

友釣りはオトリを使って野アユを掛けバリに掛けて釣るという、ほかの釣りとはまったく違う釣技ゆえに、友ザオではオトリの動きや掛かった野アユからの魚信を明確に伝えることが重要であった。

オトリからの魚信を伝える感度という点では、グラスロッドは完全に落第であった。

当時はほとんどが瀬釣りの引き釣りであったが、オトリがどう泳いでいるのか感じがよくつかめず、野アユが掛かった場合でも、サオ先がグーンと曲がって初めて気付くようなことが多かった（腕がなかっただけかもしれないが……）。

グラスザオは、振り出しと並継ぎがあり、4間半（8・1m）で700g～1kgほどの重さがある持ち重りするものだった。5間を超える長いものでは、目方は1・2kg以上もあった。

重く感度が悪いにもかかわらず、グラスロッドは庶民の友ザオとして3間半から4間半のものが大いに利用された。

それまで職漁師と一部愛好家のものであった友釣りが、安価なグラスロッドの出現で庶民でも楽しめるようになったのである。昭和40年代後半になると友釣り人口が急速に増え、友釣りをする人の7～8割は庶民の友ザオ＝グラスロッドでアユ釣りを楽しんだのだ。

かくいう私も庶民の友ザオを持って嬉々としてアユ釣りに出かけた一人である。また、グラスロッドは安価で丈夫という点から職漁師にも使われていたことを付記しておきたい。

5. カーボン友竿の出現

カーボンファイバーを素材とした友釣り用のサオは、昭和40年代後半に「オリムピック釣具」社によって初めて世に送り出された。このカーボンロッドは、従来の竹やグラスとくらべて圧倒的に軽く（4間半で200g以上軽かったと記憶している）、細く、感度もよく、ピンとしていて張りのあるものであった。カーボンロッドはカーボンファイバークロスを使用し、グラスロッドとほぼ同じ製法で製造された。

当時はカーボンファイバーが開発されてから日が浅かったので、素材のカーボンファイバーそのものがとても高価だった。したがって、カーボンロッドの値段も当然高価であった。

ただしカーボンロッドの登場は、とにかく軽いサオが出たということで、友釣り愛好家のあいだでセンセーションを巻き起こしたのだ。この時すでに竹ザオとカーボンロッドの勝負はついてしまったのであった。

なぜなら、職漁師の時代から「サオは軽ければ軽いほどよい」といわれていたし、カーボンロッドの感度と張りは竹竿に近いものだったからである。

このカーボンロッドの好評により、シマノ、ダイワ、がまかつなど多くの釣り具メーカーからカーボン製のサオが次々と発売された。価格も年々低下し、昭和30年代から庶民のサオとして活躍したグラス製ロッドは、ほどなくしてその姿を消した。

和竿は一部愛好家のあいだでわずかにその命脈を保つものとなった。また、皮肉なことにアユの養殖技術の普及によってアユの価格が下がり、この頃を最後に職漁師の活躍は衰退してしまうのである。

時代の背景もあるが、カーボンロッドは友釣り愛好家のために出現したともいえる。

グラスロッドの項でも述べたが、サオ作りは物理化学と工学技術によって科学的、理論的に開発や改善がなされ現在に至っている。にもかかわらず、カーボンロッドの重量を誕生初期の重量の半分に減らすまでに四半世紀も要したことになる。

一方、掛かりアユを抜き上げて取り込んだり、オトリの送り出しを容易にするために手元が伸縮するズームモデルも開発された。

21世紀となった現在は、数万円から数十万円の範囲で幾種類ものカーボンロッドが売られており、どれを選んだらよいのか困るほどである。

友釣り用ロッドの性能として考えると、現在最も安価なサオであっても、カーボンロッドが出る以前のサオとくらべてみると、トータル性能ははるかによいのである。

ただし、アユザオはいたずらに「掛け目」の軽さのみを重視してはいけない。選ぶにあたっては、自分の体力と腕力、アユ釣りのスタイル（どこで、どのような釣り方で、どのくらいの大きさのアユを釣るのか？）に合った、「持ち目」の軽いものを選べばよいだろう。

この釣りザオの選択基準は竹の和竿の時代から同じなのだ。

今後も、さらに軽量性と高性能を追及したサオが求められるだろう。

現在の友ザオは、カーボンファイバーというそれまで使用されなかった新素材を使用することによって生み出された。

今後、さらに新たな機能を持った友ザオが生まれるとしたら、カーボンナノチューブのように、今まで使用されたことのない、まったく新しい素材を用いることによって生み出されるのではないだろうか。

垢石の故郷・奥利根の鮎

「尺鮎誌」はアユ釣りをこよなく愛した佐藤垢石が記した在りし日の奥利根挽歌である。時空を超えて心に深く沁みる。

（『つり姿』佐藤垢石　昭和17年刊）

尺鮎誌

一

私は、利根川の水に生まれ、利根川の水に育った。

利根川の幽偉《ゆうい》にして、抱擁力の豊かな姿を想うと、温き慈母のふところに在るなつかしさが、ひとりでに胸へこみあげてくる。私は、幼いときから利根川の水を呑んだ。泳いだ。釣った。

上州と、越後の国境に聳《そび》え立つ山々には、冬の到来が早い。十月下旬に、もう雪が降る。大赤城の山裾は長く西へ伸び、榛名山の裾は東へ伸びて、その合する峡の奥に白い頭を尖らした山々が私の生まれた平野の村から、遙かに望める季節になれば、もう秋も終わりに近い。

尖った山は、武尊岳だ。子持山と、小野子山を繋ぐ樽の上に、まるい白い頭をだして下界を覗いているのは、谷川岳である。その隣の三角山は、茂倉岳だ。

上越国境を信州の方へ遠く走っているのは三国峠の連山だ。これも白い。大利根川はこれらの山の雪の滴りを、豊かに懐に抱いて下ってくるのである。

だが、大利根の本当の水源は、それらの山々のさらに奥の奥に隠れている。水源は奥山の巨岩に自然に刻まれた阿弥陀如来の立像のへその穴から、一滴ずつ落ちる水であると父母からきかされた。少年の私は、父母にも替え難き利根川の水の源に憧れて、少年幾たび大刀寧《おおとね》岳の姿を、夢に描いたことであろう。

水温む春がくれば、鮠《はや》を釣った。夏がくれば、鮎を釣った。秋がくれば、木の葉に親しんだ。冬がくれば、寒寄りの鮠が道糸の目標につけた水鳥の白羽をゆする振舞に、幼い胸をときめかした。

大洪水がくると、上流から大木が流れてきた。家も、馬も流れてきた。初夏の夜、しめやかな雨が降ると、東南の微風が訪れて、利根の瀬音を寝ている私の耳へ伝えてきた。その瀬音が、忘れられぬ。

真夏がくると、川千鳥が、河原の上を舞った。千鳥は、河原の石の下へ卵を生むのである。少年の私は、孵ったばかりの千鳥の子を追って、石に躓《つまず》き生爪を剥がして泣いたことも、二度や三度ではない。

秋がくると、北風が流れの面を音もなく渡った。私は、その小波を侘しく眺めた。

冬。利根川は、うら枯れた。

春になれば、私の村は養蚕の準備に忙しかった。母と姉が、汀《みぎわ》に近い底石に乗って、蚕席《さんせき》を洗った。洗い汁の臭みを慕って、小鮠の群が集ってきた。四月の雪代水はまだ冷たい。冷水に浸った母と姉の脛が真紅に凍てた色は、まだ記憶に新ただ。

もう、下流遠く下総国の方から、若鮎が溯ってくる季節は、間もないことであろう。

二

私の少年の頃には、鮎釣りに禁漁期というものがなかった。それは、私がよほど大きくなるまでそのままであった。

そんなわけで、私は五、六年の頃から、父のあとに従って、村の地先へ若鮎釣りに行った。やさしい父であった。釣りの上手な父であった。五十年も昔には、鮎は随分数多く下流から溯ってきたのであろうが、それにしても父の鈎へはよく掛かった。いつも、大笊（おおざる）の魚籠へ鮎が一杯になったのである。

毛鈎を流れに沈めて二三尺下流へ斜めに流し、僅かについと竿先をあげて鈎合はせをくれると、三四寸の若鮎が一荷ずつ掛かってきた。そのときの魚の振舞が手に響いてきた少年の感触は、忘れようとして忘れられぬ。

父は、健康の関係から大して友釣りを好まなかったけれど、大きくなると私は友釣りを習った。吾妻川の毒水のために、私の村あたりは面白い釣りがやれなかったので、私は村から五里上流、利根川と吾妻川との合流点から上流へ遠征したのである。合流点から上流は名にしおう坂東太郎の激流と深淵の連続である。白井の簗、雛段、樽、天堂、左又、宮田のノドット、龍宮方面へと釣り上って行った。

とりわけ、宮田のノドットには大ものがいた。一町も下流へ走らねば、掛かった鮎が水際へ寄ってこなかった。猫瀧、芝河原、長っ瀧、円石、桜の木方面の釣行も素敵であった。初心のころ、円石の流心で大漁したことは、私の釣りの歴史に特筆したい。芝河原では、不漁のために、鮎の習性について、いろいろ教えられた記憶がある。猫瀧は凄い瀬だ。

さらに上流、烏山新道から棚下、綾戸、中河原、岩本地先などの上流へ遠征する頃には私の友釣り技術もよほど上達していた。綾戸の簗の下手では、激流に脚をさらわれて、命拾いしたことがある。中河原の岸壁の中腹を、横這いに這うときは、恐しかった。ここらあたりでは、七月中旬から八月はじめになると、ほんとうの尺鮎が釣れたのである。

水量は多く川幅は広く、瀬は荒い。非力の私でさえ五間半の長竿を使はねばならぬのであったが、体力のある職業釣師は六間半以上、七間などというべら棒に長い竿を振りまわしていた。そんな竿でなければ届かないほど、遠い流心で大きな鮎は石の垢を食っていたのだ。

岩本へは、近郷近在から釣り人が集ってきて、甚だ川は賑やかであった。棚下や綾戸は、両岸きり立って利根川は峡流をなしているが、岩本地先は割合に広い河原を持ち、割合に足場が楽である。そのために、ここは人気があったのである。岩本には、利根川随一の名人、茂市がいまなお達者で釣っている。

支流の片品川にも分けいった。片品川は、尾瀬沼に近い山々に水源を持つ、清冽の水を盛った滔々《とうとう》たる急流である。この地方の人々は、この川に棲む鮎を鼻曲り鮎と称した。醤油屋の瀬では、思わぬ大漁に味を占めたことがある。それは、夕立水の澄み口であった。糸の瀬には十日あまりも滞在して、鼻曲り鮎の友釣りを堪能した。

片品川との合流点から上流の利根川は、次第次第に急流をなして奔下する水貌だ。戸鹿野橋や杉山下。次いで、曲がっ瀧、曲がっ瀧は、大利根百里の全川中、随一として指されているところの難所である。瀬は、樋から吐き出すように流れ落ちる。瀬の中に頑張っている岩は家ほどもある。その急流へ立ち込んで、水に脚をさらわれれば、もうあの世行きである。

釣りあげてみて、よくもまぁ我が腕に、と思うほどの大ものが棲んでいる。竿は六間半以上でないと、うまい場へ囮鮎は泳いで行かない。

鷺石橋の上下は、平場になっていて、まことに釣りやすい場所だ。

三

沼田を過ぎて、薄根川との合流点から間庭地先も、ザラ場続きで足場がよい。

次は、後閑地先である。月夜野橋を中心として、上下いずれにも無数に釣場がある。鮎の姿が立派であるのと、艶の鮮やかであるのは、全川中後閑が第一等である。下総の銚子にある利根河口からここまでは、七、八十里もあろう。一寸か一寸五分に育った鮎が、太平洋の海水に別れるのは、三月初旬であるかも知れない。それが、長い長い旅路を経て、後閑まで達するには、もう夏の土用に入ろうとする七月中旬だ。

その旅の月日の間に、鮎はどんなに水や岩と闘ったか知れない。後閑地先へ足を止めたとき、鮎は頑健そのものになっている。身の上八、九寸、四、五十匁から百匁近くまで育っている。そして、野鯉のように細身で、筒胴の姿である。胴が筒と同じに細くなっていなければ、瀧なす潺湍《せんたん》は乗切れない。

肉がしまっている。香気が高い。背の色が、濃藍だ。敏捷であるのと、体力的であるのと、争闘心が強いのと、強引であるのとは、あたかも密林に住む虎か、豹にたとえられよう。

掛かった釣り人は、まず足許に注意せねばならない。でないと、踏んだ石の水垢に滑ってでんぐり返る。囮鮎も、掛かり鮎も、竿もめちゃくちゃだ。足の速力が、鮎の逸走の速力に伴はねば、道糸を切られてしまうのである。釣り人は、まるで夢中だ。下流へ走りに走ってようやく手網へ抜き取ったあとでも、しばらく心臓の鼓動はやまない。そして、このあたりは水源に近く雪橋から滴り落つる水も、長い時間太陽の恵みを得ていないから、温度が低いのである。土用の最中でも、水へ立ち込むとひやりとする。だから、鮎が丈夫なのだ。

月夜野橋から上流には西海子前《さいかちまえ》、長どぶ、病院裏、地獄などの釣場があるが、地獄の瀧も凄寒《そうかん》を催す眺めである。

水上温泉から二里下流の小松に、東電の発電所が竣成したのは、随分古い昔である。小松に発電所ができてからは、天然鮎ではその放水路まで達するのが、最も長い旅を続けたことになる。

私は、月夜野橋の下流の瀬が、龍宮の崖に突きあたった落ち込みで、百匁以上の鮎を釣ったことがある。ついに取るには取ったが、私はその鮎と囮鮎を入れてしまうと、河原へ尻餅ついて長い間、溜め息を吐いていた。

後閑の対岸で、本流へ合するのは、谷川岳と、三国山の渓水を集めて下りきった赤谷川である。赤谷川は、水温が割合に高いために、後閑まで旅してきた本流の鮎は、この支流へ溯上しなかった。

赤谷川は、下流から中流にかけて山女魚専門の川である。上流の谷川岳の麓までわけ入れば、岩魚ばかりであるが、近年奥利根地方は、温泉郷が賑やかになったために、渓流魚に値打が出てきた。それで職業釣人は腕によりをかけて釣るようになった。

そんな次第で赤谷川の渓流魚は、四月一杯くらいでほとんど釣り絶やされてしまう。

四

大きな姿と、味の立派であることでは日本一の鮎を育てる利根川。旅の釣人垢石を生んだ利根川は、悲しい哉いまは亡びた。

若鮎が、利根川の中流烏川との合流点の埼玉県本庄町裏の広場へ達するのは、遅い年で四月中旬、早い年には三月下旬であった。それが下の宮、藤川前、新堀、横手、萩原を経て、早い年には四月の二十日頃、私の村の地先へ達していたのである。

さらに、前橋の役場を通り坂東橋を抜けて吾妻川との合流点を過ぎ、利根川本来の姿の大溪谷へ入って行くのは五月中旬であった。若鮎は、続いて躍進して行った。猫、烏山、綾戸の難を越して岩本と森下とが相対する峡流へは、六月上旬に姿を現した。この時代には、もう若鮎は少年期から青年期に移ろうとして、体躯に逞しい肉がついていた。

戸鹿野橋の下流で群れは二つに別れた。右を指す群れは、片品川へ。左を指す群れは、本流へ。片品川へ入った一群は、ひた溯りに溯って、五里上流の吹割滝の滝壺まで達した。本流を辿る一群は、曲がっ瀧の奔流と闘い、上川田村の肩を曲がり、茂左衛門地蔵の前を通って、地獄や青岩に一瞥をくれ、小松まで泳ぎついて、ほっとするのは、六月も終わりの頃であった。顧みれば、銚子の海に別辞を残してから、既に何十里の旅を続けたろう。恐らく、百里に近くはあるまいか。

若鮎は、一人前の生活力が、からだから溢れるのを感じていた。

しかしながら、利根川は水温の低い大河である。吾妻川との合流点から上流は、六月に入ってからでも、攝氏《せっし》の十二度を超えまい。また水量の多い川である。坂東橋の橋下で、平均六千個（※1㎥あたりおよそ166トン）というのだ。これでは、なかなか水は温まらないのである。そして、水源にえぐり込んだ深渓には、四季雪原と雪橋が消えないのだ。上州側には大刀寧岳と劔ケ倉、澤山、越後側に聳える兎嶽、越後澤山、八海山、越後駒ケ嶽などを合わせた山々は、標高僅かに七、八千尺に過ぎないけれど、人里遠いことにおいては日本一である。その山々から滴りでて、深い渓の底の落葉を潜り、陽の目を見ないで奔下する水であるから、真夏になってからでも、朝夕は身に沁みる冷たさを覚えるのは、当たり前であろう。

そういう性質の流水であるから、東海道の諸川や、栃木、茨城方面の川が、六月一日の解禁日から、もう盛んに友釣りに掛かるというのに、利根川の鮎は早くても七月に入らなければ囮鮎を追わなかった。もっとも、数十年まれなことであったが、大正十三年には、驚くほど水温が高まって六月十五日から、円石の簗の尻で友釣りに掛かったが、それは例外である。

綾戸の荒瀬を境として下流は七月初旬、上流は七月中旬。後閑を中心とした最上流では、七月下旬を迎えなければ、鮎は友釣りの鈎に掛からぬのを普通とした。だが、一旦囮鮎を追いはじめると、中断することなく、九月上旬まで、忙しいほど釣れ盛った。

五

ところが、人間どもが憎悪すべき、恐怖すべき、とんでもないたくらみを起した。

大正末年、大川平三郎は金儲けのために、片品川の水を糸之瀬でことごとく塞《せ》きあげ、森下に発電所を起し、下流へ一滴の水も落とさない仕事を完成した。と同時に、浅野総一郎は事業欲のために、利根本流の四、五千個の水量を、岩本地先の大堰堤で締めきり、これを五里下流の真壁村へ運び、大発電所をこしらえた。

これで、利根川の鮎の運命はきまった。

でも、大川平三郎は糸之瀬から一滴の水も下流へこぼさなかったが、浅野総一郎は岩本の堰堤から、ぎこちない魚梯を通して、僅かの水を下流へ送った。そんな障害物が川の真ん中へ横たわってから、はるばる太平洋に別れて溯ってきた若鮎の群は、大堰堤の下へ集って、怨めしそうに、高い高いコンクリートの壁を見あげた。

一群のうち、からだの頑丈な、もう十五、六匁に達した若ものは、魚梯から僅かにこぼれ落ちる水の中へ、突込んで行った。そして、とうとう魚梯を登りつめて、大堰堤の上へ滿々と溜まった淵へ躍り込んだ。これは、並大抵の勞苦ではない。

この勇敢な、体力的な若鮎は、一群のうちそう大した数がいるものではない。多くの力の弱い意気地ない連中は、自分たちに為し能はざるを観念して、すごすごと下流の方へ引き返していった。そして、手頃の石についた水垢を食って、育った。

魚梯を登っていった連中は、昔と同じように堅肉に肥えて、強い力で釣り人の鈎に掛かった。しかし、そんなことは二、三年で終わってしまった。次第次第に、川の条件が悪くなってくると共に、海からくる鮎の数が減っていった。魚梯から落ちる水が、雀の涙ほどに量が少なくなっていったからだ。それ以来、堰堤から上流は、まれにしか天然鮎の姿を見ぬようになったのである。

堰堤から下流も、悲惨な状態を呈した。堰堤からのこぼれ水では、吾妻川の合流点から上流へ、鮎は安心して溯上し得るものでなかった。合流点と堰堤までの間には、南雲沢を頭として各所に細い自然湧水があるけれど、これは僅かに二、三百個（※5・5～8・3トン）に過ぎない。昔の水量に比べると、十分の一にも足りないのだ。

こんなふうでは、鮎は利根川への生活をあきらめるより外に術はない。

こんな結果に陥ることを予期して、利根漁業組合では、堰堤が竣成《しゅんせい》した年から、琵琶湖産の稚鮎を買入れて、上流へも下流へも放流したのである。だが、あの大きな川へ僅かばかりの鮎を放流したところで、地球上に散在する金剛石のようなもので、まことに寥々《りょうりょう》としている。

近年も、相変わらず放流鮎を続けているが、それは十五萬尾か、二十萬尾にしか過ぎない。それは、十五六里位にわたる範囲に放流するのであるから、釣れたとてほんの短い期間である。そこで利根川筋の釣り人は、鮎を求め上越線を利用し、こぞって越後国の魚野川の方へ遠征する次第になったのだ。

大正十三年に、岩本の名人茂市は七、八の二ヵ月で売上七百五十円の鮎を釣った。最近ならば、大したことはないが、當時の七百五十円といえば、莫大な額だ。田地を、二反五畝も買えたのである。鮎を釣って、田地を買うというのは、面白い話であると思う。

六

前橋市を中心として、上流は坂東橋附近、下流は新堀地先までの利根川でやる若鮎釣りの技術は、独特のものである。日本全国に、ちょいと類を見ない。

二間一尺の軽竿。道糸を竿丈より一尺短くして、三匁乃至五匁の銃丸形の錘をつけ、鮎毛鈎に蛆をさして、瀬脇へ振り込み、右の腕を前方へ真っ直ぐに伸ばして、こちら合わせで、すいすいと美しい若鮎を抜きあげる上州人の釣り姿は、あたかも巧みな芸能人の風があった。それも、もう幾年ならずして、亡びてしまうであろう。

※西海子は、まめ科サイカチ属。落葉高木。枝にトゲがあり、大木になる。枝や幹の棘は10㎝以上の長さがあり、その実は洗剤として使用された。

※水量を表わす「個」は、明治から昭和にかけて農業用水や発電用水で水を引き入れる際に用いられた単位。発電水36個で1秒あたり約1トンとなる。

伝説的狩野川漁師の軌跡

鈴木久吉《ひさきち》と飯塚利八《りはち》

狩野川のアユ職漁師で利根へ遠征したパイオニアは、伝説的川漁師ともいえる鈴木久吉である。鈴木久吉が上州利根川に入ったのは明治43年（1910年）とされている。修善寺で農家と養蚕をしながら、農閑期には日雇いに出て日銭を稼ぎ、夏は暮らしの足しに友釣りでアユを釣っていた彼を、仲間は鈴久と呼んでいた。

狩野川産のアユが東京市場と強く結ばれ、高まる需要とともにアユの値段は急上昇。しかし狩野川は台風による洪水で壊滅的な打撃を受けてしまう。そうした理由も手伝い、鈴久ら幾人かは豊漁を耳にしていた利根川を訪ねたに違いない。上州で仲買と契約を結び、奥利根の友釣り拠点を岩本に置き、旅人宿の小川屋に逗留し、地元の釣り人に伊豆の友釣り釣法を存分に見せつけた鈴久は、やがて地元の釣師から教えを乞うようになり、先生と呼ばれるまでになる。

鈴久と同時代を生きた狩野川の川漁師からの証言を基に『釣り文化』12（1983年）と『釣り文化』14（1985年）には、伊豆狩野川における友釣り技法の伝播が記されている。この釣りの歴史を語るうえでは欠かせない貴重な資料である。

『釣り文化』12（1983／釣り文化協会）より

伊豆狩野川の鮎の友釣り技法の伝播

—狩野川技法の特長と伝播の要因—

常盤茂雄

はじめに

明治末のことである。友釣りを職業とした伊豆狩野川の一人の釣師が利根川に入った。この釣師は、利根の川と人とに魅せられて、以来二十年間ひたすら伊豆から利根へ通いつづけた。この釣師の名を鈴木久吉という。しかし、一九二六年（大正十五年）、片品川の水が取られ岩本に取水堰が出来たとき奥利根は滅びた。この釣師は、再び奥利根を訪ねることはなかった。

利根の友釣りの歴史をひもとくとき、鈴木久吉こそ近代友釣り技法を利根に伝えた先進者であることを知るであろう。

一九二九年（昭和四年）伊豆の釣師が利根に土屋嘉一を訪ねたとき、奥利根の釣師は口々に鈴木久吉の安否を尋ねたと言う。しかし、六十年前の奥利根の川を語ることのできる古老は少ない。まして鈴木久吉の名を知る利根の釣師は皆無になってしまった。

わずかに残された鈴木久吉および土屋嘉一の足跡をたよりながら狩野川の近代友釣り技法が利根川へ伝播されていった過程を述べてみたい。

鈴木久吉

狩野川の釣師、鈴木久吉

鈴木久吉は通称「鈴久」の名で通っていた。一八七六年（明治七年）十月十一日、伊豆狩野川中流域の左岸にある、昔から鮎漁の盛んな、今の静岡県田方郡修善寺町小立野の農家の長男として生まれた。水田一反、畑三反の田畑と小作地を借りた自小作農家で、養蚕をしながらどうにか食えるだけの百姓だった。

　学校は今の小学校に当たる村立の本立学舎で幾年か学んでいる。軍隊に行かなかった鈴久は、親から受け継いだ田地田畑を守りながら、農閑期には日雇いにでて日銭を稼ぎ、夏ともなれば川に行って友釣りで鮎を獲り暮しの足しにしていた。

　鈴久の長男茂作氏（八十歳）は、「親父は小作百姓でろくな百姓ではなかった、働き者の百姓だったら日が一日中毎日川にばかり行くわけがねえ、百姓はすべておふくろまかせだった」と。

　狩野川漁協の組合長を務め、自らも狩野川から初めて美濃長良川へ商売に出た飯塚利八（九十二歳）は、鈴久の釣技と人柄とについてこう語っている。

「鈴久は一風変わった釣り方をした人だった。深川淵を重い錘を付け大鮎を掛けたり、人の入れない荒瀬に入って釣った人で私も一緒に釣り合ったこともあった。技術は大変うまいという程のことはなかったし、鮎もそれ程多く獲ったとは聞いていない。しかし人柄は温厚でごくいい人だった。休みどきなどわざわざ雑貨屋から駄菓子を買ってきてよく喰わせてもらった。当時は鮎を釣る釣師はひと癖もふた癖もあって、酒を飲むとすぐ言い争いをしたが、鈴久さんはそんなことは一度もなかった。だれからも好かれていた。」

　一九〇〇年代（明治三十年代）に入ると狩野川の鮎は東京市場と結ばれ、需要は高まり鮎の仕切値も上昇していった。釣りは道楽どころか、諸職の日当の三倍から五倍もの稼ぎの出来る商売になっていった。

　当時狩野川の鮎が東京市場に出荷される経路は、仲買人によって集荷されるか、直接職漁者が地区や仲間内の鮎を集めて出荷するかの二つの方法がとられていた。腕のたつ釣師は仲買人の中間搾取をきらって直接出荷の方法を選び、東京の鮎問屋に直送していた。

　東京日本橋には地方からの鮎を受け入れる鮎問屋が幾軒もあった。鈴久も、小立野地区の釣師の鮎を集め、日本橋の鮎問屋「大力」や「大桝」に送っている。当時のことを長男茂作氏は、「私の子供の頃、親父はよく鮎を積んだ大八車を三島の駅まで引いていったことを憶えている」と。仕切値の精算は十五日に一度送られてきたが、仲間内に金の必要が出来たときなど「大力」や「大桝」に出向いて用をたしたり、ときには問屋から呼ばれて行ったりもしている。

　問屋との付き合いを通して、鈴久は狩野川以外から集められた鮎を見る機会もあったろう。武洲の荒川、相洲の相模川、開通したばかりの信越線で送られてきた信洲信濃川本支流の大鮎、上州利根川筋からの大鮎と、鈴久の目は、大きく他国の川へと開かれていった。問屋に、八月も半ばを過ぎれば友釣りの鮎にまじって各地のやな場から集められた鮎も続々と入荷してきた。大型の鮎を見ることでその川の大小や川相も知ることが出来たし、友釣りで掛けた大鮎の魚体を見ながら釣り傷があっても尻鰭が裂かれていないことを見とり、この仕掛けが狩野川の技法から見ればひと昔前の仕掛けであることも瞬時にわかったことだろう。いつの日か他国の川へ行って見よう、今の稼ぎより二倍、三倍もの稼ぎになるかもしれない、自分の腕がどこまで他国で通用するか。鈴久は、そんなことを考えたにちがいない。

他国に向かわせた大決水

一九〇七年（明治四十年）、鈴久はもう三十一歳になろうとしていた。

狩野川での稼ぎは自分の技術と体力とに見合うもので、抜群の水揚高とはいえないまでも、諸職の倍以上の日当にはなっていた。地元で商売になるのにことさら他国へ出る必要を感じなかったし、何より一本竹の延べ竿がようやく継ぎ竿に変わろうとしていた当時、継ぎ竿といっても一本が八尺も九尺もの長物で、到底汽車電車で運べるものではなかった。

囮箱から通い筒、川の中で釣るためには引き舟も必要になってくる。小道具から幾日も宿に泊るとなれば、着替えも用意しなければ、万が一、獲れないとなれば宿賃のことも頭に入れておかなければなるまい。次々に浮かぶそんな難問に、すぐ二、三年の年月が経っていった。

狩野川は、一九一〇年（明治四十三年）八月七日からの降雨と暴風とで大洪水となった。この台風について、修善寺町に隣接する大仁町（旧田中村）の大正二年刊の村誌は、その時の模様を次のように記録している。

「七日ヨリ降リ出シタル雨ハ愈十日ヨリ暴風ヲ加ヘテ洪水トナリ連続十二日至ル狩野川堤防ハ殆ント全部欠潰シ深沢川又々破壊シ田京西川戸二於テ家屋流失一戸破壊五戸アリ其ノ他浸水床上八十二戸床下四十八戸納屋其ノ他六十五戸貧困ニシテ給与ヲ受ケタル者三十三戸……」ちなみに当時の大仁町の総戸数は八一二戸であった。この台風で、梅雨も明けいよいよ本格的な友釣り期を迎えようとしていた狩野川の鮎は、壊滅的な打撃を受けたのである。

職漁者にとって、この年の鮎漁はもはや期待出来なくなってしまった。

上州利根で先生と呼ばれるようになった鈴久は
それから毎年奥利根で長逗留を続けた。
伊豆の釣師たちは鈴久のあとを追うようにして、
大正十五年頃まで上州への出稼ぎを続けた

佐藤垢石氏は、「明治四十年前後であったと思う。偶々、伊豆の狩野川の職業漁師が利根川の豊漁を伝えきいて、遠征してきた。」と『つり姿』（昭和十七年、鶴書房）に書いているが、利根川のほとりに生まれ育ち、大正年代の後半、利根川上流、綾戸、岩本、戸鹿野、後閑の友釣りに魅せられ通い続けた垢石氏には、利根の名人房吉や茂市との交遊を通して伊豆の釣師や土屋嘉一との出会いもあったと思う。

「明治四十年前後」という記述は、鈴久のことを考えると極めて気にかかる。何より当時の狩野川の実情のなかから他国へ商売にでていく必要性を考えるなら、この大洪水こそ、鈴久をして清水の舞台から飛び降りる気持ちで他国への商売に踏みきらせたのではなかろうか。

久吉、利根へ行く

幾人の仲間と連れだったのか、確かなことを伝える資料はないが、鈴久と利根に通った釣師の名は伝えられている。小立野の鈴木平吉、中島伍作（城泉）、中島信男（後水口姓）、土屋嘉一、修善寺の植田友平、遠藤八作、遠藤晴吉、河津、湯ケ野の板垣興平である。

茂作氏は「親父は初め信濃川に行って、雨で釣りにならないので利根川に入ったと聞いている。……竿は三本継ぎの四間から四間一～二尺ぐらいの竿だったから、初めのうち竿だけ鉄道便で送っていた」と語っている。

鈴久らが信濃川のどこへ行ったのか、竿をどこへ送ったのか、もうそれをたずねるすべはない。

利根川は大河であり大鮎が出ることは鮎問屋を通して鈴久は知っていた、ただ友釣りが出来る釣場、そこまで行く道筋は容易ではなかったはずだ。

茂作氏の母親は、「蚕を売った金をふところに利根に行った」と言う。連れの仲間も恐らく前借りしたりして路銀を作っての同行だったろう。

信越線、高崎駅からは前橋を通って利根上流の渋川まで上毛馬車鉄道が開通していた。吾妻川を合流した利根川は優に狩野川の二倍から三倍の水量を持つすさまじい流れである。鈴久は、驚きと言い知れぬ興奮をおぼえながらも、友釣り師の直観で、この上流に大石と巨岩とが続く尺鮎の釣り場があると察知するのだった。

行けるだけ上流へ行こう。竿は馬車鉄道にくくりつけて、鈴久が終点の渋川に降り立ったのは一九一〇年（明治四十三年）八月中旬の日だった。

吾妻川と合流した利根川は、優に狩野川の２倍から
３倍はあったと鈴久は感じたに違いない

利根川、友釣りの模様

ここで利根川の友釣りの歴史についてふれてみよう。

利根川の友釣りの始源については『阿左見日記』（一九八一年八月発行、沼田郷土研究会）の中で、弘化二年（一八四五年）の頃に「利根川ニ於テ鮎ツリ始ル右ノ儀ハ同国桐生辺ニテツル風聞有之右ニ付　沼須村　金子豊吉始ル　年二十才　弘化三年ニ至リ桐生ヨリ名人来ル」と記述されている。「鮎ツリ始ル」について『阿左見日記』の発掘者であり編集者である桑原健次郎氏は、「アユ釣りはなにもこの年から始まったというのではなく、ここで述べているのはアユ〝友釣〟の技法伝授をさしているのでしょう」とＮＨＫ『趣味の手帳』（一九七八年二月発行）の「釣りと私」の中で指摘している。狩野川の友釣り始源から約二十年後のことである。また、桑原氏は奥利根の友釣りについて、一八八五年（明治十八年）清水峠に道路が開通し、祝賀のため北白川宮や山県有朋が馬車や人力車で大峯新道を北上してきたとき、その旅情をなぐさめる趣向として、友釣りの実況を見せることになったが、「釣師は普段川では素裸で釣りしておりますが……」と恐れながら申し上げると、「普段のままでよろしい」と言うことで、実況したと古老の話を伝えている。

渋川には、鈴久の足跡は残されていない。しかし、西も東もわからない鈴久等はここで何日か逗留しながら、川の状態、上流部への交通、鮎の売り値等の知識を得ながら、利根川釣師の技法を直接見ることも出来ただろう。

だが、鈴久等を容易ならざる技法を持った釣師であると、利根でだれよりも早く理解したのは鮎仲買人であったろう。一日目、二日目、三日目と夕方になれば一人一貫目を下らない鮎を持ち込んできたからである。当時わが国屈指の保養地伊香保、草津の温泉場と前橋の市場を持った渋川の鮎仲買人は、驚喜し鮎をどんどん受け入れながら、鈴久等と買い入れ契約を結んで、新しい情報を知らせ合ったに違いない。鈴久等も仲買との契約を結ぶことで安心して利根川での商売を続ける立場が確保出来たのである。川の状態、鮎の魚体の大きさ、釣場の状況を熟知すると鈴久等は渋川より上流今の上越線岩本駅附近へ移ってくる。

猫瀧の荒瀬から綾戸、中河原の峡谷に入るあたりの釣場の風景を佐藤垢石氏は次のように記述している。

「ほんたうの尺鮎が釣れたのである。水量は多く川幅は広く、瀬は荒い。非力の私でさえ五間半の長竿を使はねばならぬのであったが、体力のある職業釣師は六間半以上、七間などというべら棒に長い竿を振りまわしてゐた。そんな竿でなければ届かないほど遠い流心に、大きな鮎は石の垢を食ってゐたのだ。」

岩本を過ぎると片品川が合流する。ここで遡上してきた鮎の群はふたつに分かれ、右へ行く群は片品川に、左へ行く群は本流を遡っていく。

「利根川は、次第次第にバクをなして奔下する水貌だ。戸鹿野橋や杉山下。次いで曲っ瀧、曲っ瀧は、大利根百里の全川中、随一として指されているところの難所である」

鷺石橋から沼田を過ぎ、薄根川の合流点から問庭地先を通れば後閑地先である。

「下総の銚子にある利根河口からここまでは、八十里もあろう。——長い長い旅路を経て、後閑まで達するには、もう夏の土用に入ろうとする七月中旬だ。——鮎は頑健そのものになってゐる。身の上八、九寸、四、五十匁から百匁近いのまで育っている」と。(『つり姿』から)

鮎を釣る鈴久の姿

岩本には近郷近在の腕ききの釣師が集まり、川沿いには二〜三軒の旅人宿と釣師相手の飲み屋も店を開いていた。鈴久等は旅人宿の一軒、小川屋に宿をとって、周辺の釣場をつぶさに見ながら、河原が広く、宿からも、道からも数分で川に出られる岩本こそ奥利根での友釣りの中心であり、長い逗留にふさわしい場所だと理解するのだった。以後小川屋は一九二六年(大正十五年)まで伊豆の釣師の定宿になっていく。

小川屋に落ち着いた鈴久等は本格的に釣り商売に打ち込んでいった。頭に日よけ暈(かさ)、薄手のシャツと脛上までの白木綿のもも引をはき、うちふところに仕上砥石を入れ、足半の草鞋を付けて、腰に巻いた大紐には竹筒の引き舟が張られ、タモの柄がきっしりと背中に差し込まれている。竿は細身の三本継ぎの四間一尺物を持った狩野川の釣り姿。

地元の釣師は全身赤銅色に日焼した身体に日よけ暈、腰紐に引き舟あとは何もつけない素裸で、四間近い太身の一本竿を持って激流の中で釣っている。

地元の釣師には、鈴久等がたかが素人としか映らなかったに違いない。だが、ひと度竿を合わせたとき、信じられないことが起こった。

　今の今まで自分達が釣って掛からなかった場所で鈴久等は次々に鮎を掛けているではないか。移動すれば入る。決して地元釣師の先を越すようなことをしないで鮎を掛けていく。

　職業釣師にとってこれ以上の屈辱があるだろうか。岩本地先で引く釣師は利根で屈指の釣師と言われている。そんな誇りが音もなく崩れていく思いをこらえながら、彼等に掛かって俺に掛からぬはずはないと、いっ気に鈴久の側に入った。鈴久は静かに竿を立て、囮を手許に寄せながら、釣師に道をあけ水際にさがり石に坐って、ハリスの乳輪をはずし小さな仕上砥石を出して伊豆鉤の鉤先を研ぎつけた。流心近くまで沖に出た釣師の上半身には激しく水しぶきが当たり、その姿には強い気魄がこもっているのを鈴久は感じた。鈴久は立って釣師の上手から囮を放した。研ぎすまされた鉤を付けた囮はグイグイと荒瀬に入っていく。囮が釣師の足もと近くに行ったとき、竿先が激しくあおられた。瞬間、竿を斜め上方に倒した。強い引きが腕から全身にしびれるように伝わってくる。二歩三歩後ずさりしながら竿を更に上流にねかせ速い動作で野鮎を引き寄せ、すぐ掛けた野鮎に鐘木を通し尻鰭に二本の伊豆鉤を引き通し、間髪入れずに送り出した。囮が竿いっぱい跳んだかと思った時、目印がふあーとよじれた、きた。二尾の鮎はいっ気に流心を横切って疾走していく道糸も切れよとばかりの引きだ。ピューピューと糸鳴りが瀬音をかき消して鈴久の耳に入ってくる。飛ぶように瀬を駆け降って手網に入れた鮎は六十匁を下らぬ鮎だった。

　三尾目の鮎を掛け、手網から引き舟に入れたとき、釣師は囮を引き寄せ、鈴久の後を回って立ち去ろうとしていた。ふと二人目が合った。鈴久が軽く頭を下げると、「何処からこられた?」と言葉が返ってきた。「伊豆から」と応えてもう一度頭を下げると、釣師は何も言わずに通り過ぎていった。

　昼前には鈴久の囮箱には二十尾近い大鮎が納まっていた。地元の釣師は鈴久の三分の一の鮎すら掛ける者はいなかった。夕方になれば、鈴久等は一人一貫目から一貫五百匁の鮎を渋川の仲買人に渡していた。挑戦してくる腕ききの地元釣師など鈴久の足下にも及ばなかったのである。

　鈴久等は九月中旬まで奥利根の鮎を釣って釣って釣りまくり、ついには河原で鈴久の姿を見ると、地元の釣師は釣場を捨てて移動するまでになってしまった。

新しい年に向かって

　日が短くなり河原に秋風が吹き始めると、鈴久等は重い財布を懐に入れ狩野川へと帰っていった。

　四十匁五十匁の鮎を四、五百尾も掛け、ささらのようになっている竹竿を見ながら鈴久は、利根川での釣りが思った以上に魅力ある商売であることを知り、十月に入ると腰が強く穂持がしっかりした伊豆竹を探しに山に入って、親子の竹を伐り翌年への備えを始め、歳が明けた三月には暇をみては竹竿作りに専念した。少しでも長く、持ち疲れしない軽い竿、管継ぎの三本から四本継ぎの発想も利根川の釣りから学んだ貴重な経験だった。

　四月の末になると、きまって沼津の我入道から釣道具を風呂敷に入れた、小島という人が小立野の釣仲間の家を回ってきた。本テグスの一厘から二厘まで、鉤も伊豆鉤の九分と寸を充分仕込み、鐘木は木綿針をローソクの炎でもどして作り錘も一匁から五匁まで鋳型を造って、葉書を間に入れ鉛を流し込んで作ったりもしていた。

鮎漁も始まり狩野川での友釣りも一段落した頃、渋川の鮎仲買から利根川の友釣りが始まったと知らせてきた。その声を待っていたかのように、鈴久は小立野の鈴木平吉、修善寺の遠藤八作、植田友平等四、五人を連れて岩本の小川屋に直行した。昨年同行者探しの苦労が嘘のように思えてくる。鈴久は、利根川での教訓から、同行する人選びは何より狩野川で中級以上の腕を持つ釣師で、酒は飲んでも土地の釣師や宿の者といさかいを起こさない気心の合った釣師を選んできた。年令も三十歳代から四十歳代である。

「伊豆の釣師来たる」の報は、またたくまに利根に広がっていった。

利根川釣師らとの交流

岩本の下流、綾戸の荒瀬から、岩本地先、片品川の出合から戸鹿野と好調な漁を続けていた。

その日は、朝方から降り出した雨が本降りになって、鈴久等は久しぶりの休養を仕掛作りや竿の手入れをしながら宿で過ごしていた。そこへ宿のお内儀さんが「地元の釣師が皆さんに会いたいそうです。」と取り次いできた。見れば、その中の一人の顔にははっきりと見覚えがあった。三十五、六になろうか、昨年戸鹿野の下流で顔を合わせ声をかけ合った、あの顔。一升徳利が二本、鈴久の前に置かれた。

やっぱり来たか。やがて、見覚えのある釣師が半紙に包んだ品を鈴久の前にひろげ、「この仕掛けは私共の使っている利根川の仕掛けです。もしよろしかったら伊豆の仕掛けをぜひ教えて欲しい。」と正座しなおし、つぶやくように話してきた。

鈴久は、その仕掛けを手に取り仲間に見せながら、「この仕掛けではわし等も一日五百匁の鮎は釣れない。」と言い放った。

その仕掛けとは、「日本魚類図説」のものと基本的には同じで、利根川仕掛けは二本のハリスが道糸からでなく鐘木から出ている違いだけである。錘は五〜六匁の銀杏形の中通しに木栓がつき、ハリスは馬素の三本縒りに袖型の八分ぐらいの鉤がついた、吹き流し仕掛けである。

川を離れた鈴久の目は柔和で親しみがあった。鈴久は伊豆の仕掛けと利根の仕掛けとを釣師達に見せながら、利根の仕掛けの致命的な弱点は囮を追った野鮎を完全に捕捉出来ない点にあるとして、野鮎が囮を追う視点や姿勢を狩野川での「見づり」の経験を交えて話し、その障害が馬素の三本縒りにあること、それを本テグスに変えて尻鰭に通すことで、鉤は固定され追ってくる野鮎を鉤が確実にとらえることが出来ると説明した。二本の馬素ハリスは囮の泳ぎを悪くする百害あって一利もない、伊豆では今このような仕掛けを使っている釣師はいないと。そして、釣師間の競争の激しい狩野川の現況をつぶさに話すのだった。

利根の釣師等は、鈴久の道理にかなった説明と、初めて聞く他国の川での釣り技法の発展に目をみはり、利根川の技法が昔ながらの進歩のないことを知らされる思いだった。幾組かの仕掛けを渡しながら鈴久は、さりげなく「鉤は生命だ。」と言い、「この仕掛けは狩野川釣師の幾十年の研究から生み出されたものだ」とにっこり笑って釣師を玄関まで送った。

室に戻った鈴久は、仲間に「やがてはわかることだ、ただ一つだけ教えてないことがある」と言った。それは砥石だった。

鈴久が川に出れば地元の釣師は竿を置いて鈴久の釣り姿を喰い入るように見ながら、伊豆の技法を学びとっていた。地元の釣師の間では、鈴久を「先生」と呼ぶ程の親近感を示すようになっていった。

利根川の友釣りは、大きく変ろうとしていた。

『釣り文化』14（1985／釣り文化協会）より

伊豆狩野川の鮎の友釣り技法の伝播（四）

飯塚利八氏　長良川に行く

常盤茂雄

飯塚利八

飯塚利八氏のこと

八十七才の飯塚利八氏を狩野川が流れる静岡県湯ケ島町、本柿木に訊ねたのは1979年の早春頃だった。一諸に湯舟につかり寝床を並べて友釣りにかかわる明治から大正、昭和、戦前から戦後の話を、ある時は利八氏一人で、またの日は同時代に生きた釣り師、落合一郎氏と共に聞くことができた。

伊豆から他国へ移住していった四人の釣り師のこと、利八氏自身狩野川から初めて職漁者として長良川へ遠征した時のいきさつ、紅がら格子の郡上八幡の町並み、大火事のこと、長良川、飛騨川の釣り師等の思い出など、狩野川の近代友釣り技法伝播の過程を知るうえで、再び聞くことのできない貴重な証言であった。

飯塚利八氏は大正年代の始め、しいたけ栽培に着目し、失敗を繰り返しながらやがて静岡県一のしいたけ栽培家として家業を立てていった。小柄で声が大きく行動力に富み誠実で卒直な人柄は、戦後村会議員に推選されたり、初代狩野川漁業協同組合長としても長くその責を全うした。しかし、昨年秋深まる十一月十四日九十二才の利八氏は世を去った。

飯塚利八氏は友釣り師として卓越した釣り師だった。若い頃から川郵便、川いたち、と呼ばれやがて「けんか組合長」といわれながら、中外鉱業、持越金山の鉱毒流出事件、一九五四年（昭和二十九年）に起きた東洋醸造の廃液放流事件に狩野川のアユと魚類を守るために奮闘し、今後、各河川各地域で起こるであろう類似の事故を防止するため、水質汚濁と工業排水の取締り強化を同年、滋賀県彦根で開かれた全漁連大会で提案し、大会では河川環境を守り公害を防止する立法化を要請する決議を満場一致で採決させている。

昭和二十年代、狩野川のアユを守るために、公害防止を強く訴えた飯塚利八氏の先見性は今を知る人の心の中に強く焼きつけられている。

飯塚利八氏は、一八九二年（明治二十五年）十一月二十五日、静岡県田方郡湯ケ島町、本柿木で生まれた。利八氏によれば「親父も釣りは好きで、木綿針をローソクの灯に当てハリの型をつくり、木綿糸でハリをくくってアユの友釣りをしていた親父の姿を見ている。」「俺が初めて友釣りをやったら六尾獲ったことを憶えている、子供の時だ、まわりの人がこの子供はうまくなるぞなどとおだてられ、だんだん面白くなってアユ釣り師になってしまった。」

利八氏は十七、八才から幾年かを製版職工の見習工として、静岡県富士の岩淵というところで徒弟として働いていたが、不景気のあおりを食って会社が倒産し、柿木に帰って、二、三人で山を買ってはしいたけの栽培をしながら夏は金になる友釣りに専念していく。

「俺は釣り仲間から川郵便、川いたちといわれていた。それは、俺がまず川をずうっと見て回って二度目にアユのなめた後を釣るようにしたからだ。当時、友釣りをやる衆といえばあんまり真面目な衆ではなく酒を飲めば酒ぐせの悪い衆が多かった。だから一寸と変わった衆が友釣り師だったんだ。」

利八氏が子供から大人になりかけた、明治末から大正にかけて狩野川からは後世に名人といわれる釣り師が生まれていた。

利八氏は「名人上手といわれるのは、他の衆より毎日平均して多くの魚を獲ることが出来る衆だ。」といい、やがて、若さと腕と足でめきめき水場げ高を増し、名人といわれる技法を身につけていった。

この頃、東京市場に送る狩野川のアユは年ごとに増え続け、一九一四年（大正三年）に始まった第一次大戦で国内産業は一気に活況をみせ作れば売れるブームに沸きかえっていた。

東京を中心に鉄道輸送網、道路、郵便電信業務は飛躍的に伸び、製氷設備は生鮮魚貝類の市場を拡大してきていた。

献上魚といわれたアユは、当時、庶民が日常食する魚ではなく、金持ちや一部の人が食するもので、友釣りで獲った大型のアユは一級品として高い市場性を持っていたのである。大正の始め長良川郡上の大アユが東京日本橋のアユ問屋に入荷し始めると、味と形が高く評価され、高まる需要をまかなうためにも問屋は長良川筋の入荷を真剣に考え始めていく。日本橋のアユ問屋「大《だい》松《まつ》」は狩野川のアユを多く扱う荷受問屋だった。「大松」は狩野川釣り師の技術や職漁者の層の厚さなど仲買人を通じて充分知っていたのだろう。

「大松は修善寺のアユ仲買人小林卯三郎と米屋の菊池常作と計い、郡上アユの東京送りを計画し当時の金で五〇〇円を貸したんだ。二人はその金を買付けの元手にし地元からも腕のたつ釣り師を連れて行こうということで、俺と一諸に行ってくれとたのまれたんだ。」

利八氏が初めて長良川に遠征に出た年は大正七年だった。『アユ釣放談』（昭和五十六年一月自費出版）

利八氏郡上八幡に行く

郡上八幡までの道のりは利八氏によると、「岐阜まで汽車で、岐阜から電車で美濃町まで行って美濃町から八幡までは半日以上も歩いた」と、又「東海道線富士駅で特急に乗り換えるとき、長いサオが問題になり乗せる乗せないで争いになって、車掌が乗せてもよいといえば乗せるが駄目だといえば乗せないことになって、車掌に頼みこんでようやく乗せてもらった」。持っていった継ぎ竿は仕舞寸法が七・八尺のサオであった。その時車掌は持ち込みが許される長さは弓の寸法六尺七・八寸前後だといっていた。

初めて見る郡上八幡の町と川を利八は、

「家の梁り、板戸、格子も紅がらで赤く塗られ町筋がポウーと赤くもやっている柔らけえ感じの町だった。びっくりしたのは長良川、川もでけえが橋の上から川を見たらシラスを干したように川底が見えねえくらいアユがいる、ピカピカに光っているんだ。」

利八氏が二十七才のときである。三人は当時、「角館《かどかん》」という、戦後岐阜へ移り現在時計店になっている新町商店街通りの旅館に宿をとっている。

川に出た利八氏等を驚かせたのは郡上の釣り師の姿だった。「ふんどしも付けねえ素裸で川の真中に立込んでいる。サオは物干ザオのような強い一本ザオ、長さは三間ぐらい、中には竹同志を差し込んだ継ぎザオ（並継ぎ）を使っていた釣り師もいたなあ、俺のサオは継ぎにブリキを巻いた三本継ぎの四間半ぐらい、自分で作ったものを持っていった。」

利八氏は、白木綿の長袖、前合せの膝上までのズボン、足は半中のぞうり、仕掛けといえば、しぶ糸の道糸、ハリスは二厘の本テグスにスガ糸で伊豆バリをきれいに二本巻きつけたもの、しゅ木と三匁の割りオモリを付けたものだった。

「はし（ヘチ）のアユは十匁か十五匁でいくらでも釣れ、でけえアユはしんとうにいて四十匁、五十匁のアユで、俺のサオは三日と持たずにささくれて使い物にならなかった、それで土地の衆が使っていた先が太く胴がやわい差し込みが竹同志の重てえサオをたしか一円五十銭で買って使った。そして一日一貫二百匁から一貫五百匁拾うように釣り、どんな日でも一日一貫目を切ることはなかった。」

アユ仲買人の小林卯三郎と菊池常作は利八氏のアユと地元で買いつけたアユを八幡の仲買人が荷造りするようにして、名鉄電車の通る美濃駅まで運んでもらい「大松」に送り出した。

一週間もたたないうちに「大松」からアユが腐っていて売りものにならないといってきた。あれこれと手だてをつくして送っても七月の郡上八幡から東京までは無理で十日ばかり続けたが、東京送りは失敗し、利八氏は二人と別れ八幡に残って地元の仲買人を相手に商売を続けていった。

「あとでわかったことだが、東京送りの失敗は郡上八幡で氷をつめただけで東京に直送したことで、岐阜でもう一度貨車の時間に合わせて氷を補給して送れば成功したのである。」と利八氏は語っている。

一九一一年（明治四十四年）二月、岐阜市と美濃町の間二十五キロに美濃電気軌道（名鉄）が開通したことで郡上八幡周辺のアユは岐阜から名古屋、東京市場への道がひらかれてきた。

当時の模様を八幡町の安福康次氏は郷土文化誌「郡上」七号に、「氷たんぽで、氷を作って、冷やいて、美濃町まで、荷車で運んで美濃町から電車で岐阜、岐阜から東京っていう風に、東京市場へ、郡上のアユを出荷するようにしたもんで、アユの値が通るようになったんやな。そら東京では大きいアユは、九州の球磨川か郡上かっていったぐらいのもんで、百匁級のは、一匹五円で売れたんやで」……。

又、一九七八年（昭和五十三年）十一月発行の亀井巌夫著、『釣り風土記』の「長良川ノート」の中で八幡町の大多屋《だいたや》、清水駒次郎氏の話として、「大多サがもの心ついた頃、八幡町では〝八百浅〟がアユの集荷をはじめていた。夕方になると、たくさんのアユがあちこちから持ち寄られてくる。アユの勘定をしている帳場の横では石臼で氷搔きも始まる。

氷は堀越峠の西から落ちる、犬鳴洞（谷）で冬の間に採り、倉庫に入れておいた天然氷である。これを石臼に入れてきねで搔き砕くのだ。その氷をつめて、あたりが暗くなった九時頃、いよいよアユが出荷される、ずらりと八百浅の店の前に荷車が並ぶ。五台、六台、時には十台近くもあったろうか。引き手は町の若い衆たちで、八幡町から美濃町まで、八里の険しい山坂を、夜っぴいて突っ走るのである。」

美濃町に夜明けについたアユは、ここで氷をつめかえて名鉄電車で岐阜の市場に出された、と「長良川ノート」は伝えている。

郡上八幡でのこと

当時、郡上の釣り師で上手な人で三百匁、五百匁を釣る人はいなかった。利八氏は土地の釣り師の仕掛けを見て、「掛からねえように、掛からねえようにこしらえてあるんだ。しゅ木でハリスは馬素の三本より太い針金のようだった、その先に小さなハリを一本つけた吹き流しの仕掛けで、大きな五匁のオモリがおとりの鼻先にぶら下がっていた。釣りも上手ではなかった、荒い瀬の中におとりをほうり込んで掛かるまでじいっと待っている釣り方でトロ場など引く釣り師はいなかった、目カゴ（おとり箱）を水につけた中にアユを入れていた。伊豆の衆と違って郡上の衆は捕ったアユをすぐ使わないで仕舞い込む、だから余計にアユは掛からない、俺の四分の一も釣れなかった。」

「アユの話をしてくれと頼まれ、場所は忘れたが美濃町から電車で駅を降りると、真黒に陽焼した二・三十人の衆が俺の姿を見て伊豆かという、そうだとゆったら、皆んなでわあわあいいながら俺を会場に連れていった。

　会場はいっぱいだった。わしがここで掛けたアユを見せてくれというと、大きな盆に三十匁ぐらいのアユを十尾ぐらい乗せて、わしの前に置いた。そのアユを見るとどのアユも尻ビレが切り裂かれている。わしはそのアユを握ってこのアユをかけた釣り師は誰かと問い、最早やわしは皆さんに何も教えるものはない。尻ビレが切り裂かれているこのことこそ今日私が皆さんに話そうと思っていたことだ。

　尻ビレの縫い通し二本バリの伊豆の仕掛けと、従来の吹き流し一本バリとの差を説明しアユの習性を話しながら、技術をもっと磨くように訴え、実技もして見せ大変喜ばれた。」と語っている。

　サオを高く構え或る時はオモリも使わずにおとりを自由に泳がせながら次々に大アユを掛けていく利八氏の姿を、郡上の釣り師は伊豆の釣り師の技法にただただ驚きの目を見張るばかりであったろう。

　ここで長良川の友釣りの歴史を見てみよう。一九六九年（昭和四十四年）三月、岐阜市教育委員会が発行した「美濃国長良川アユ漁取調書」「岐阜市文化財シリーズ2」に長良川の友釣りに関する一項が記載されている。

　この文書は「後記」によると明治初年の長良村戸長、川出金三郎が県令、小崎利準の求めに応じて提出した書類であって、長良川の鵜飼の沿革がわかる貴重な資料である。と記されているが、友釣りの歴史を知るうえでも重要な資料である。この項の全文は、

「一　安政五年アユ掛針一名倶釣（トモ伝フ）禁令ニ相成ル此漁方ハ当国ニ発業スルハ漸ク嘉永三四年比ヨリ以来ナリ然ルニ此漁方ハ親アユヲ糸ヲ以テ括リ又糸ニ釣針ヲ数多附テ之川瀬ニ流ス時ハ群衆スルアユ大イナル分親アユニ寄添ヒ或ハスレ争フテ自ラ此針ニカカルヲ捕魚ス然ルニ此針アユノ皮内ニヲレ込ミナカラ逃レタルヲ鵜之捕ル其手負タルコトヲ知スシテアユ鮓製スルノ際漸ク之ヲ発顕セル此針鍜ヒ能ク至テ折レヤスキモノニシテ衆人ニ害ヲ醸スコトアラント堅ク之ヲ禁止ラル」

　一八五〇年（嘉永三、四年）今から一三五年前アユを糸で括って糸に釣りバリを数多くつけて川瀬に流す。今の友釣りの

三・四十匁のアユを五尾も釣れば日当が出た時代、
利八は七十匁の大アユばかり
連日の入れ掛かり。
八幡町で利八のことを
知らない人はいないほどの名手になる

初期の技法が行われていたことを資料は示している。しかし同資料によれば一八五八年（安政五年）一二五年前「倶釣」はハリが折れてアユの皮内にささり衆人に害を与える恐れがあるとして禁止されてしまう。

　亀井氏の「長良川ノート」で大多屋、清水駒次郎氏の話として、「郡上のアユ漁は、明治の末頃まではサオ釣りよりも網漁が〝本手〟であった」として「網漁に替ってサオ釣りが少しずつ盛んになりだすのは明治末期から大正の初め頃である」と。「大正中期になると、アユはサオ釣りでなければならなくなっていた。（中略）そして決定的なサオ釣り革命が郡上で起った。」

「その導因は伊豆の漁師たちの出現であった。（中略）角館に伊豆が泊っとりました。三人・五人と一諸に来たのですが、それがあんた、ええかな、ここんとこが大事やで、みな継ぎザオを持っとりましたで、今から思うと竹を三つに切って、ふたとこブリキで継いだだけの幼稚なものじゃったが、わしらの藪から切ってきたまんまのサオと違いますで、とにかく長い、その長いサオでそりゃあ、どえろう釣りよりました。役者が一枚も二枚も上でしたで。」

　長良川は未開の釣り場であった。鵜漁の川として友釣りは禁止され、その影響は明治の末までも及んでいたのである。しかし決定的なことはアユの市場であったろう。

郡上八幡でのこと二

　その時分、八幡でのアユの仕切値は百匁一円二・三十銭、宿代は弁当持ちの一円、泊って小使いを使っても毎日十円も残り半月で「家に百円送金したら家の者達は他人様の金を盗みして送ったのではないかと心配した」と『アユ釣放談』でも伝えている。又、利八氏は長良川の支流の吉田川でアユはいないといわれたエン堤うえの場所でアユのハミ跡を見て六十匁、七十匁の大アユを四日も五日も一人で大釣りし、仲買人の口から伊豆の釣り師の名が郡上の釣り師の間に知れ渡っていった。角館を訪ねてくる土地の釣り師、釣り場で仕掛けを見せてくれと寄ってくる釣り師、利八氏はいわれるままに仕掛けを渡したり作り方を教えたりして土地の釣り師の頼みを聞いてやったと語っている。

　明けて一九一九年（大正八年）穂先の太い穂持ちがしっかりとした自作の胴調子の四間半の継ぎ竿を作って、月が瀬の内田梅吉、柿木橋の稲村、堂の川の堀江文吾、河津の板垣与平を連れて角館に宿をとった。七月十五日である。翌日「吉田川が長良川と合流する二・三丁下流で釣っていると、昼間の三時半ごろ上から真黒の煙が川一ぱいに押し寄せてきて堤防の上を町の衆が大声をあげながら走り回っている、初めは何のことかわからなかったが、川をあがって見ると大火事なんだ、急いで宿に帰ると吉田川の向こうが火元で煙がどんどんこっちにくる、宿は大さわぎしていて、橋の向かいに大きな料理屋があって隣りが親威の家で、わしらも手伝ってあれも積めこれも積めと荷物を山にして荷車でこっちに運んだりしてやったよ、旅の衆が火事で手伝ってくれて有難とうと礼をいわれたもんだ」角館は類焼を免がれ利八等は毎日川に出ることができた。

　当時、「土地の釣り師は四尾か五尾釣れば大釣りだった。

　名は忘れたが万金タンの元締をしていた親父さんが友釣りが好きで毎日川にきていた。今日はどうかと聞くと、大漁だよと答える。幾尾釣ったというと、三本よというんだ。川は朝、早く行って場所をとると上下八間は他人が釣れない約束になっていた。わしらは宿飯喰っているんで少々こうかつに考えて、川に行ってサオや道具が置いてあると、八間先きの釣り場が悪くとも入ってそこで掛けると、わさわざ下に降って

「ややあ貴方の区域にきてしまったよ」と、あやまりの言葉をかけて、そこでおとりを出して二〜三尾かけてから、自分のところへ戻るようにしたんだ」

利八等が郡上へ遠征するようになってから狩野川の釣り師は七月の声を聞くと金になる郡上のアユを目指してぞくぞくと上流大和村から、下流美並村の相戸、深戸と多い年は五十人もの釣り師がやってきた。そして八月も終りになる頃ふところを重くして伊豆に帰ることができた。利八氏は、ひと山越えると飛騨川という大アユが出る川があるといわれ、堀江文吾と連れの三人で郡上八幡から堀越峠を一日がかりで越えて飛騨金山に着き「佐野屋」に泊ると、上流一里のところの「麻生谷」というところに滝が落ちていた。

「そこはいかだにする木材を上流から流してここでとめている場所で、そこから強い瀬が向いの岩根にぶつけている釣り場で、深さも水量もあった。おとりは三十匁、掛かるアユは七十匁を超す大アユで、引くわ引くわ三尾掛けても一尾取り込めれば上々、連れの二人は掛ければおとりごと持っていかれ釣りにも日当にもならなかった。

飛騨川の釣り師といえば二間半か三間の一本ザオで幼稚だった。保険の外交員で友釣りを習いたいと頼みこまれ道具はといえば、竹を切ってくるといって、カンレイシャで網を作って一本ザオを持ってきた。仕掛けとおとりをつけて釣らせると、掛かった掛かったと大声で呼ぶんで、網でまくってやったり、こんどはおとりがとられたから元気なおとりを付けてくんないかというんで付けてやったり、二日ぐらい面倒を見てやった。俺が文吾さんと連れに保険屋の面倒ばかり見ていたら釣りにならねえと話したら、断れというんだ。だけど俺は年も若えし、いいずれえというと、文吾さんと連れが俺がいってやると、保険屋に君の面倒を見ても一銭だってもらえるわけでなし、サオ一本で世渡りをするんで、吊り下げられたら困るよと断ってもらった。あれから保険屋は，どうなったか。」

利八氏は長良川の上流大和村から白鳥を釣り、白鳥から油坂峠を越えて越前大野を流れる九頭竜川にも遠征して若い熱心な釣り師から「ノシノシ」といわれ、とまどったことなど語っている。

しかし、生活をかけた郡上の釣り師達もいつまでも伊豆の釣り師に負けてはいなかった。狩野川の技法を学びとった釣り師の中から利八等が入って四・五年も過ぎると、一日一俵の米を稼げる名人が生まれてくるのである。

一九一八年（大正七年）郡上のアユの仕切値は百匁、一円二十銭から一円五十銭、その頃の八幡町の諸職の平均一日の賃金を「八幡町史」（昭和三十六年発行）の中で一九一九年（大正八年）を見ると、「農作日雇七十二銭、左官大工一円七十銭、屋根裏二円十銭、日雇人夫一円二十三銭」となっている。だから当時三・四十匁のアユを五尾も釣れば日当が出たのである。まことに、伊豆の釣り師が郡上の釣り師に伝授した二本バリ尻ビレ通しの仕掛け、継ぎザオの技術、割リオモリ、馬素に変わる本テグスのハリス、川の見方とサオさばきの技法は長良川の友釣りを一変させていったのである。

伊豆の釣り師が泊まった「角館」は
その後時計店に

【第4章】近現代 競技における鮎釣り

鈴木康友

友釣り競技会において戦国時代とも呼べる昭和終盤から平成初期に登場した個性溢れる名手たちの釣技を綴った『鮎釣り烈士伝』。その巻末はソリッドロッドの登場と、その威力によってダイワ鮎マスターズ二連覇を果たした伊藤正弘氏のエピソードでしめくくられている。その後十余年を経た現在、友釣りの潮流はどのようなルートをたどり、どこへ向かおうとしているのか？『鮎釣り烈士伝』著者・鈴木康友が、近現代友釣り史の転換点、この釣りの未来を眺望する。

『鮎釣り烈士伝』以降のタックル進化

『鮎釣り烈士伝』が世に出たのが２００６年ということは、現在発刊から8年以上経過しているわけですが、全体的な流れとして'80～'90年代の劇的とも呼べる変化はありませんがやはり道具は進化し、それに合わせて釣法も変化をみせています。

『鮎釣り烈士伝』の最後にご登場願った伊藤正弘さんのオートマ釣法のあと、シマノジャパンカップで二連覇した島啓悟さんもソリッド穂先を愛用していることからも分かるとおり、ソリッドに代表される最新鋭穂先はそのほかに金属製なども登場し、現在まで進化を続けています。ある意味サオについては穂先が最も進化した部分ではないでしょうか。

イトにおいては複合メタルでしょう。『鮎釣り烈士伝』に登場する人たちも今は使っていると思いますが、あの本が出た当時は初期の複合メタルとフロロを使ったか、使わなかったか……という時代でした。あの本以降に競技の世界で活躍している現在のトップトーナメンターたちは、複合メタルが常用ラインです。これだけでも当時とくらべて大きな違いといえます。

そしてハリについても着実に変化しています。昔は1本バリから始まり、2本のチラシ時代を経て、3本イカリ、そして4本イカリが広く普及し、現在はまた3本がよいという選手がちらほら出てきて、2013年はチラシを使って優勝する選手も出るなど……。現在はあらためてハリの使い方や、それぞれの効果について見直す時期にきているのかもしれません。

2014年、大阪のフィッシングショーで各メーカーの新製品を見た印象としては、サオに関しては8m級の短ザオの品質向上が目を引きました。これまでは9mを短くしただけの硬いサオが多かったレングスでしたが、今回のフィッシングショーで各メーカーが出してきた短ザオは、細かい操作ができる専用開発のハイクオリティーなものばかり。そのほかではワンタッチハナカンのオトリの片泳ぎを解消する真円タイプの普及や、タモ絡み防止をうたった製品など、劇的な変化こそないものの、ウェア類から友釣り用品すべてにおいて、マイナーチェンジが施されているのが、近年のタックル進化における特徴といえるのではないでしょうか。

ソリッド釣法の先駆者・伊藤正弘さん

超急テーパーソリッドロッドを使いシマノジャパンカップ二連覇を果たした島啓悟さん

サオは軽量化から感性が求められる時代へ

『鮎釣り烈士伝』の最後にも記しましたが、ソリッド穂先の登場は冷水病や天然遡上の不調が続く現代の河川環境がもたらした結果といえます。本来であれば、元気な天然遡上アユがたくさんいる川なら普通のサオで充分釣れますので、ソリッド穂先は不要となるわけです。ですが放流されたアユが追わないだけでなく、宙層に浮遊して群れているような「遊びアユ」も多い昨今の河川では、大会に参加して人より多く釣ろうと思ったら、選手たちは「遊びアユ」をどうにかして釣るしかない。従来のオトリを自由に泳がせる方法では数釣りが難しくなってしまったため、アユが群れるところにオトリを持っていかなければ掛からなくなってしまったのです。つまりオトリを操作する必要性が出てきた。それが現在の「管理泳がせ」であり、オトリ管理度の高い引き系釣技にも通じる部分があるのだと思います。

私も含めてですが、高度経済成長期の真っ只中にこの釣りを覚えた団塊世代の人たちは、川に大量のアユが泳いでいるのが当たり前で、オトリを自由に泳がせるだけで釣れていたわけです。そんな人たちにとっては、今の最新テクニックは本来のアユ釣りとは少々かけ離れたものに感じる部分もあるかもしれません。

以前は泳がせるだけで掛かってきたものが、時代が進むうちに掛からなくなってきた。オトリの腹をめがけて追っかけてくる魚だけを掛ける時代ではなくなってしまったのです。昔の琵琶湖の魚のように、幅が広くて、真っ黄色で追いっ気の強い魚が戻ってくる時代がまた来るのかもしれません（天然遡上保護促進活動が広がりはじめ、少し〝兆し〟が見えてきましたが……）が、現状ではオトリのそばでウロウロしてジャレるような魚も多い。その一部が冷水病の魚ともいえるわけですが、本来石に付いて食んでいるはずのアユが、食まないものも出てきて宙に浮いてしまう。『鮎釣り烈士伝』の最後に登場する伊藤正弘さんがソリッド穂先を使う最大の理由が、そばには来るけど一発で掛からない魚を釣りたい、という部分も多分にあったでしょう。

ジャレつくのが分かっていても、普通のチューブラー穂先でオトリ操作したのではうまく泳がせられず、掛からない。その点ソリッドならゆっくりと繊細に引けるし、柔軟な穂先のテンションによって遊泳姿勢に変化が生まれる。そうすると、ふとしたタイミングで後方に付いている魚が掛かる。

昔のカーボンといえば30ｔ、40ｔが普通で、50ｔクラスの高弾性のほうがパワーがあってよいといった風潮がありましたが、高弾性で穂先を作るとピンピンになって感度が出にくくオトリ操作も難しくなります。そんな理由から近年はソリッドとチューブラーの長所を合わせた細径低弾性チューブラー穂先やメタルトップなど、いろいろな素材が出てきました。これはある一定以上のレベルを持つ人たちにとっては非常に効果的だといえます。これまでのアユザオは軽さや細さを競っていましたが、その競争は近年あるレベルで落ち着き、現在では各釣り人の感性や釣技スタイルに密着したサオが生み出されるようになった点に着目すべきでしょう。

２０００年代に入って数多くの競技会を総ナメにした小沢兄弟に代表される引き釣りのほか、競技会上位入賞者の主力テクニックである引き系釣技の台頭によって、

引き系釣技でトーナメントシーンを席巻した小沢兄弟

かつて泳がせ一辺倒だった時代には存在しなかったコンセプト、つまりオトリをダイレクトに引いたり、ゼロオバセ領域のオトリ管理能力を高度に研ぎ澄まして開発されたサオがアユザオのなかで大きな位置を占めるようになったのが現代なのです。

こうした側面から最新釣技を考えてみれば、泳がせ釣りのノウハウの確立と普及によって友釣りテクニックに「超近代化」が訪れ、その後、最新釣具によって復権を果たした引き釣りやゼロオバセ領域のオトリ管理を追及した引き系釣技の興隆によって「現代化」がもたらされた。それが昭和後期から平成初期にかけて起こった友釣り釣技における「近代から現代への転換点」だったのではないかと考えています。

選択肢が広がる 複合メタルラインが主流に

'80年代はオバセで泳がせるスタイル＝泳がせ釣りが最先端であり競技会でも主流でナイロンライン全盛期でした。その後、メタルラインが出現し、めざましい進化をとげたので、一昔前はメタルとナイロンを使い分けている人が多かった。場所によってここは泳がせで釣れると思えばナイロンを使い、ちょっと太めにするとか、ギリギリいっぱい細くするといった方法もありましたが、今では多くの人が複合メタル0・04〜0・08号で、ほとんどのフィールドを釣りこなすことが可能になったと感じます。

メタル素材でありながらキンクしない。細くても強くてよく沈む。感度がよい。引き系の釣りに好適なほか、泳がせ的な操作にも対応する。この万能性は、やはり友釣りラインにおける注目すべき進化といえます。

かつての複合メタルは「複合構造」だから強く扱いやすいといった印象だけでしたが、現在では中核になる金属の比率や成分の違いが明確にパッケージにも表示され、「これは重いラインだから瀬釣りにいいですよ」、「これは比重が軽いから泳がせ的な操作にも対応しますよ」と複合メタルのなかでもユーザーに訴求する要素が変化しつつあるのは興味深いですね。

日進月歩で走り続ける掛けバリの世界

昔は草鞋を足につっかけて褌《ふんどし》一丁で友釣りしていた時代があったわけですが、当時の釣り人は長時間川に立

競技の世界から数々の釣技が生まれた

ち込むようなことは、ほとんどなかったと聞いています。友釣りは職漁的な色合いも強いことから釣った魚を卸しに行く必要もあって、昼前から午後3時頃までしか釣りはしなかったようです。もちろん寒くて長時間川に入っていられない、という理由もあったと思います。

そんなスタイルですから、すぐに根掛かりするようなハリは取りに行くのが大変でした。だから昔のハリはキツネ系がメインでフトコロ幅の広いものはなかった。ましてハリ先がチモトより外側を向くハリ先ストレートの攻撃的な超早掛けタイプなんてのは論外でした。

だけど私たちが友釣りにのめり込んだ時代はアユがいっぱいいて、道具も軽くなって束釣りが可能になった数釣り全盛期です。そうした理由から「早く掛かるハリ」が求められ、開発されたわけです。常時、追ってくるけどいまひとつ掛からない魚はいっぱいいました。そんな魚に対して早掛けタイプのハリが登場したのは大きな効果がありましたね。出た当初「根掛かりするから嫌だ」と言う人たちもいました。反対派に対し肯定派は「根掛かりするハリはいいハリに違いない」「根掛かりするならアユも掛かるはず」「アユがいっぱいいれば根掛かりする前にアユが掛かる」という理屈でしたが、実際に追いのよい時はスーッと放した直後に掛かっていました。ということは根掛かりする暇もなく掛かる。だから当時

は根掛かりしたらハリ交換。今みたいな鋭いコーティングではなかったので、ちょっと根掛かりするとハリ先がめくれたり欠けたりすることも多かった。それを直すために砥石を持って歩いていましたね。そんな時代だったから、人の名前が付いたようなハリとか、いろんなのが出ていました。

昔も今もハリガネを曲げて作るという工程は同じですが、そのあとの熱処理の仕方や、焼き入れ、焼き鈍しといった工程で薬品処理をするようになりました。刀鍛冶が火花を散らして叩くシーンを見たことがあると思いますが、火花が出るのは脱炭といって炭素を出すための作業です。本来は鉄の中にいろんな成分が入っていて炭素が多いと折れやすくなるので叩くわけですが、そのかわり靱性といってバネのような性質を帯びて伸びに弱くなる。とはいえ、炭素が多いと欠けてしまう。相反するのが鉄の特徴です。'90年を過ぎた頃から、がまかつの「Gハード」を筆頭に、さまざまな鋼材のハリが出てきましたが、それらは鉄中成分量をいろいろ考えて変えていった結果です。

昔のハリはその断面を見ると外側に密な部分があって、中は粗。密な部分に厚さもあったので、めくれたら研いで使えたのですが、今の薬品処理したハリは外側に薄いコーティングが施されているだけなので、鋭いハリを作れるけれど、削るとすぐに粗の部分が出てきてしまい、研げなくなりました。ハリは「1本1尾」と言われるようになったのはそういった理由からです。

『鮎釣り烈士伝』以降に登場したアユ用のハリは、さらにカーボン含有量を調整して全体的に強いものになっています。カーボンを増やすと折れやすくなりますが、それを防ぐ工夫が施されています。「Gハード」はハリ先を鋭角から鈍角に変えたため、刺さって掛かる確率は鋭角のものより若干下がると思いますが、根掛かりしてもハリ先が飛ぶようなことが減る、という考え方で進化したわけです。

それと近年話題になっている、がまかつの「ナノスムース」や、ダイワの「サクサス」などのコーティング技術。これは表面加工の違いですが、画期的といえるでしょう。メッキ加工ということは、電気処理が若干入ります。「ナノスムース」や「サクサス」はその時の放電量が少ない。だからハリ先が丸くならない。なおかつその上にテフロン加工を施すので滑りがよい。つまり刺さりがよくなるのです。すでに使ったことのある人もいると思いますが、やたら手にくっ付きます。これはよいハリである証拠でもあります。ただ、今後これがどう発展していくかは、非常に興味深いところ。登場して間もないハリだけに、これからの動向が気になりますね。

放流アユによって変わる、タックルや釣技の方向性

サオは多彩な穂先やさらに釣り人の感性に見合った専用ロッドの登場、イトは複合メタル、ハリは放電量の少ない電気処理後のテフロン加工……というように、『鮎釣り烈士伝』の発売以降も友釣り用タックルはそれぞれ進化しているわけですが、近現代の競技会の主流テクニックは琵琶湖産アユの放流に影響を受けています。

近年の釣技に一石を投じた要因のひとつである「遊びアユ」は、私たちの若い頃はいなかった。じゃれつく魚とは違って、じゃれつきもしないで、放流されたらある層にかたまる傾向が強い魚。石が黒いからといって石の前にずっとオトリを置いていても、あるいは石をこするように引いても掛からない。それより上のほうにいて浮いている魚です。つまりオトリまかせで泳がせるのではなく、オトリの泳層を微妙にコントロールしないと掛からないのです。

何でもそうですが、釣りも社会情勢や国政に翻弄されます。ですが合致した時は非常に面白いことが起きるわけです。道具が劇的に変化したバブル経済期は道路も車もみんなよくなった時代で、釣りと時代が完璧にリンクしていました。団塊の世代が30〜40代の頃がピークではなかったかと思います。

昭和17年発刊の『鮎釣』（水産社）には、人工産の稚アユ放流が行なわれるようになったのは近年で、石川千代松博士による貢献が大きく、博士の発見がなければ釣り場としての命を失っていた川はたくさんあったはずと書かれている

その頃は面白いことがいっぱいあって数も釣れました。サオがカーボンになり長く軽く細く強くなった時代、イトも強くなって細くなりいろいろな素材が出てきた。そんな時代の渦中で友釣りの爛熟期が到来したのだと思います。でも、それは放流アユがいなくて、もしも天然遡上だけだったら年によって釣果にムラがあっただろうし、高度経済成長でダムができて河口堰ができて、遡上できなくなった川がたくさんあったので、そんな場所では放流に頼らなければ釣りができなかったと思います。全国各地で放流アユの恩恵を受けながらも、それによるしっぺ返しもあったわけで、冷水病の発生もそ

のひとつです。『鮎釣り烈士伝』は、まさに冷水病が出始めた頃の話なのです。

今から70年近く前、１９４６年の『つり人』創刊号で狩野川鼎談を行なっていますが（※Ｐ１１４に収録）、すでにそこで放流の話が出てきます。あの時代から放流していたなんて一般の人にとっては信じられないかもしれませんが、終戦直後すでに放流していたということは、おそらくその前からやっていたはずなんです。ただし我々がイメージする現在の放流とは別モノです。ごく一部の河川にかぎっての話であって、たまたま静岡県は条件が揃っていたようですね。

全国の川で安定して盛んに稚魚放流できるようになったのは、もっとあとの話です（琵琶湖産養殖種苗の他河川への放流は大正2年／１９１３年の東京都多摩川が最初。東京都青梅市多摩川・釜の淵には記念碑がある）。諸先輩方の話では、蒸気機関車の貨車に樽を積んでその中にアユを入れ、今みたいにブクなんてないので、かき回して氷を入れ温度を下げて運んでいたようです。放流できるのはあくまでも線路と駅が近くにあって、そこから人力主体で運べる川ということに……。そんな時代を経て高度経済成長期に入り、古い言葉でいうならモータリゼーションの到来です。要するに車と道路が非常に発達しました。『鮎釣り烈士伝』に登場する中心人物は団塊の人たちが多いのですが、この年代は世界の歴史上最も楽しいアユ釣りを体験したといえます。

ダム湖ができる前の相模川。当時は今よりも多くの天然アユがはるか山梨県まで遡上していた。近未来はダムの撤去によって河川環境が復活することを祈りたい

１９７０〜１９８０年代に高速道路がどんどんできて、一般人が車を使えるようになって、温度管理や酸素供給ができる活魚車も生まれ、琵琶湖産のアユが全国に放流され、友釣り河川と愛好者が拡大した。当時おそらく最も遠い放流場所は北海道の余市川だったと思います。北海道には内水面の漁協がほとんどないのですが、余市川も例外ではありません。でも、ここは海の漁業組合に「あゆ部会」というのがあって、そこが放流していました。近年は秋田などから取り寄せているようですが、以前は琵琶湖産を日本海側までトラックで運び、

そこからはフェリーで北海道に運んでいました。

その昔、たしか『釣の友』という雑誌で大西満さんが余市川のアユを「マシュマロのようなアユ」と書いたのを読んでその言葉にやられました（笑）。どうしても「マシュマロのようなアユ」を釣ってみたくて余市川の宿・鮎見荘に泊まって釣りをしたことがあります。本当にマシュマロのようにふわふわでヌルヌルしていて、すごくいいアユでしたね。それでいて食べたらすごくおいしかったんです。まさに「美鮎」だと思いましたね。

話が脱線しましたが、要するに少なくても70年以上前から放流アユがこの釣りには大きな影響を与え続けていて、それは現在も同じで、そして今後しばらくのあいだもこれは避けられない。放流アユの追い気が強まれば釣り方も自然と変化し、道具もまた違った進化をとげるわけです。アユ釣り競技の世界は、その点において最も敏感な世界なので、トーナメントシーンを見れば現在の放流アユがどんなタイプなのかも分かってしまうというわけです。

友釣り文化を未来へつなぐために

放流アユが現状を維持してしばらくのあいだ推移していくかぎり、これからの友釣り競技の世界は、より細やかで質の高い技術の差を競うようになると思います。つまり『鮎釣り烈士伝』に出てくる名手たちの活躍のような、野趣に富んだ釣技の出現や変化は少ないように思えます。それは放流アユの話に加え高度経済成長期やバブル経済で加速した釣具と釣技の進化が、ある一定の成熟レベルを超えてしまったからでしょう。しかし、これは他のスポーツ同様の現象なのです。20年前のフィギュアスケートやサッカーが現代のそれにくらべれば、やはり古きよき時代のひとコマとして映るのは、より合理的で従来にない新理論によって現代の選手が新たな限界に挑んでいるからにほかなりません。友釣り競技会もさらに高度に洗練された新次元での白熱戦が繰り広げられるのではないでしょうか。

それと、我々のようによき時代を知っている人たちが元気なうちは、よい時代の河川環境に戻す方法を伝えることができるはずです。ですから団塊の世代の釣り人たちが次に行なうアクションは、アユの友釣りが「日本の釣り文化として、どれだけ素晴らしいものか」を未来に伝えることだと思っています。それにはやっぱり天然遡上魚がたくさんいる清流があって、それを楽しむ人がいて、最高の美味を皆に食べてもらう……。今までのように歴史を続けていかなければと思っています。それにはダムや堰堤や河口堰といった問題や、内水面漁協の改革など、やらなければならないこともありますね。

烈士伝・外伝

『鮎釣り烈士伝』に載せられなかった、近現代の友釣りシーンに多大な影響を及ぼした人を何人かここに記させてもらいます。

　ご存じのとおりアユの友釣りが職漁師のものから一般人に少しずつ広がりを見せたのは、競技の世界を作り上げたことが最大の要因でしょう。そのおかげでタックルや技術の進歩に大きな影響を与えました。

　友釣りに「競技の世界」を実際に投入し、現在のシステムを確立させたのは故・佐古田修一さんです。大阪の報知新聞の釣り欄を担当していた佐古田さんは、がまかつのG杯や、報知新聞の名人戦を創設したメンバーのひとり。それまで、ただ釣って順位を決めるだけだった釣り大会にセンターラインを引き、1対1で勝負する方法を用いたのが最初でした。

　全日本釣り技術振興評議会（JFT）を設立し、アユにかぎらずいろいろな釣りの競技会も行なっています。慶応大学のラグビー部出身ということもあり、スポーツ的表現を釣りでも確立しました。そのほか佐古田さんは台湾のアユ釣りにも一役買っています。日置川の下《しも》組合長と北里大学の鈴木敬二先生と一緒にアユが絶滅した台湾に長年かけて日本のアユを運んだのです。それが実を結び、現在、台湾で釣れているアユの元になっています（小社刊『鮎釣り2014』関連記事掲載）。

　メディア方面にもこの釣りに貢献した人はいます。アユの競技会で発展していった釣技をうまく一般の読者に噛み砕き、分かりやすい文章で解説し続けているのがライターの世良康さんです。仕事も釣りもいまもって現役バリバリで大の友釣りファンですが、30年近くトップトーナメンターを取材し続けてきた彼の取材能力や現場で培った経験は非常に大きく、アユ釣りを発信するメディア業界を通じて、友釣りシーンに大きな功績を残しました。また彼の文章に負けず劣らずの迫真の描写力で、選手同志のガチンコ勝負を力強くかつ美しくファインダーに収め、多くのアユ釣りファンの心を鷲づかみにしたのが、カメラマンの津留崎健さんではないでしょうか。名ライターと名カメラマン、この2人は現代のアユ釣りシーンを伝えるうえで欠かせない人たちです。

　そしてもう一人、未来に伝えたい人物がいます。その人は川で出会った名も知らぬ名手。その人を見たのは京都の上桂川です。当時バリバリの現役トーナメンターである室田正さんら数人と私は一緒でしたが、柳が被さったあるポイントだけ誰がやっても釣れませんでした。そこで下流からオジサンがひとり上がってきたのを見て、室田さんが「俺たちが憧れている人だ。あの人だったら釣るかもしれない」と言ったんです。

　見ると職漁師の証である旅館名が入った半纏を着ていて、白の羽二重に小さな口の長いタモを付け、短いサオを持っていました。

「ちょっと釣ってもらえませんか」と、その方にお願いしたところ、その人はポイントをじっと見ておもむろにタモからオトリを出したと思ったら、漫画『釣りキチ三平』みたいにひゅっと一発でオトリを柳の下に入れ、ツッツッとやったらココンッと掛かった。すぐさまヒューッと引き抜いてオトリをつかみ、ハナカンを外して袋ダモへ。

　次に掛かりアユをつかんでハナカンを通し、逆バリを打って同じポイントに一発で入れたら、またパパパッと掛かるんです。

　そしてよく見るとその人の袋ダモには苔がびっしり。毎日釣りしているとそうなるのか……なんて思っていたら、羽二重の袋ダモが水で膨らんだところへアユが食みに来る！　木化け石化けの本物を見たのはその人が初めてでした。釣っている時はほとんど動かない。これぞ名手と呼ぶにふさわしい人だったと思います。

　その人が釣ったアユは全部背掛かりで、お腹や目に掛かっているのは1尾もいませんでした。たぶんポイントによってハリスの長さを微妙に変えていたと思うのですが、とにかく衝撃的でしたね。おそらく昔は、そういう人があちこちにいたと思います。河川環境が戻れば、またそういう人が現われるかもしれません。

　ちなみに京都の職漁師から全国区に広まった技術やアイデアは意外に多くて、有名なところでは、'80年代に一世を風靡し今でも多くの釣り人が使っている『アルファ目印』も、もとは職漁師たちが手ぬぐいのイトを目印がわりに使っていたのがヒントになっています。

　また、近現代のローカルな釣りでいえば、那珂川の諏合正一さんや利根川の野島玉造さんらが実践していた激流釣りや、東京の秋川が生んだ独特の見釣りなど、そこだけの釣りに特化していた技術やアイデアが、競技会とそれを伝えるメディアによって全国区になっていったのです。

【第5章】あの頃の友釣り、これからの友釣り

吉原孝利×鈴木康友

本書を著した両者が友釣りを始めたのは昭和40年代半ば。

当時は竹ザオからグラス、カーボンへと移行する時期で、その後に到来する激動の昭和50～60年代を体験する。

高度経済成長期とバブル期という友釣り最盛期を知る生き証人である。

友釣りへの想いをホームページにまとめた吉原孝利さんは一友釣りファンの視点で。

競技の世界を『鮎釣り烈士伝』として1冊にまとめた鈴木康友はメディア関係者の視点で。

これまで歩んできた、それぞれの友釣りシーンを振り返りつつ、未来の友釣り文化にどうつなぐべきかを語り合ってもらった。

友釣りファンのためのウェブサイト「友釣 酔狂夢譚」

鈴木　吉原さんのホームページを見た時はびっくりしました。分かりやすくて非常によくまとめられていて。
吉原　そう言ってもらえるとうれしいです。
鈴木　あのホームページはできるまでに何年くらいかかりました？
吉原　1年くらいですかね。何せ退職してから始めたので、朝から晩まで暇でしたから（笑）。
鈴木　それにしてもすごい！　資料だけでも相当ですよ。あれだけの古い資料をどうやって集めたのですか？
吉原　古本屋とか、国会図書館とか、地元の図書館にもよく行きましたね。
鈴木　ホームページ作りを始める前あれだけの資料を揃えてまとめたものって、ほかにありました？
吉原　見たことありませんね（笑）。
鈴木　私も友釣りの歴史がきちんとまとめられているのを見たのは初めてでした。いつかお話をうかがいたいと思っていたので、私もうれしいです。

サオの長さは弓が基準

吉原　こちらこそお会いできて光栄です。
吉原　先ほど昭和9（1934）年発刊、佐藤垢石の『鮎の友釣』にある垢石本人の友釣り姿の写真を見て思い出したのですが、当時のサオの長さはおそらく弓の長さが基準になっていたものと思います。汽車に乗る際、弓の長さまでなら持ち込んでよいとの決まりがあって、サオもそれに合わせていたようなんです。
鈴木　初めて聞きましたね。そういう文献が残っているんですか？
吉原　昔、何かの本で読んだのを覚えています（P91下段の記述）。
鈴木　私が友釣りを始めた昭和40年代は、垢石が持つ写真のサオよりずっと仕舞寸法が短かった。明治時代に弓までの長さと決めたのでしょうが、長すぎて持ち運びが大変だったから、おそらく持ち運びしやすい長さにしていったのでしょうね。ちなみに吉原さんが始めた頃の釣り姿は、垢石のように素足にワラジではなかったですよね？
吉原　網目のゴム底の地下足袋みたいなのを履いてました。

ハゼ、タナゴ、カワハギなど、江戸前の釣りを中心に幅広く釣りを楽しむかたわら、メインは常にアユの友釣り。長く取材を続けてきた競技の世界、そこで活躍した選手たちの技を一冊にまとめたのが『鮎釣り烈士伝』

鈴木　農家の方が使っていたのでは？

吉原　そうだと思います。

鈴木　黄色とか赤とか縞模様のですよね？

吉原　そうそう、それそれ！

鈴木　私も最初はあれでした。ワラジは履かなかったですか？

吉原　先輩にはいましたが、私は履きませんでした。

鈴木　ゴム底だと滑りませんでした？

吉原　滑りました。でも、ほどなくしてフェルトで貼り付けるタイプが出たんですよ。それを買って、ボンドで貼って。

鈴木　それが何年くらいですか。

吉原　昭和45年頃ではないかと思うんですが……。

鈴木　友釣りは最初誰かに教わったのですかね？

吉原　アユ釣り自体は転勤で静岡県に行った際に教えてもらったのですが、その人は浜松でしたが、まあ上手でしたね。何人も引きつれて面倒見てくれるんです。みんなにいい場所を選んであげて、オトリを分けて、自分だけ余った場所でヘロヘロのオトリを使って釣るんですが、午前中だけで20～30尾は必ず釣りあげ、どこへ行っても1日やれば40～50尾は釣ってましたね。

鈴木　いましたよね、昔はそういう人が。ちなみにその人に教わった一番のコツというのは何でした？

吉原　いつも言われていたのが「同じところばかりで釣らないで、いいとこ捜して歩き回りなさい」でした。地元の人は子どもの頃から川で遊んでいるから当たり前にできても、私のような人間にはできない。いろいろ説明してもらっても、何を説明されているのか分からないことが多かったです。キャリアを積んでいくうちにハタと気付いて、あの時のあの言葉はこのことかと。鈴木さんは最初教わった時、どうでした？

鈴木　先生は小田原の名手・杉本隆一さんでした。当時の恰好は普通の足袋にワラジを付けて、ナイロンのタイツを履いて、菅笠を被る。サオは竹ザオでした。つり人社の先々代の社長だった竹内始萬を含め、その関係者からのお下がりで上から下まで揃えて、オトリ箱も舟もすべて木製、今でも全部持ってますけど、その当時でさえ昔ながらの恰好だなぁと思いながらやってましたので、古いスタイルだったと思います。

　ただ、ご存じのとおり釣り具はすぐに急激な進歩を見せましたからね。グラスの時代は長くなかったと思うのですが、グラスロッドを少し使ったと思ったらすぐにカーボンになって、イトも1号とか0・8号の時代から、どんどん細くなって0・07号とか（笑）。なかでもネオプレーンタイツが出た時は衝撃でしたね。昔は褌一丁に近い恰好でしたから長時間の立ち込みができなかった。それができるようになっただけでも、大きな違いでしたよね。

吉原　昭和50年代はもう目まぐるしい変化で、あれはもう激変の時代と呼んでいいかもしれない。私が静岡に転勤した頃が、ちょうどマ

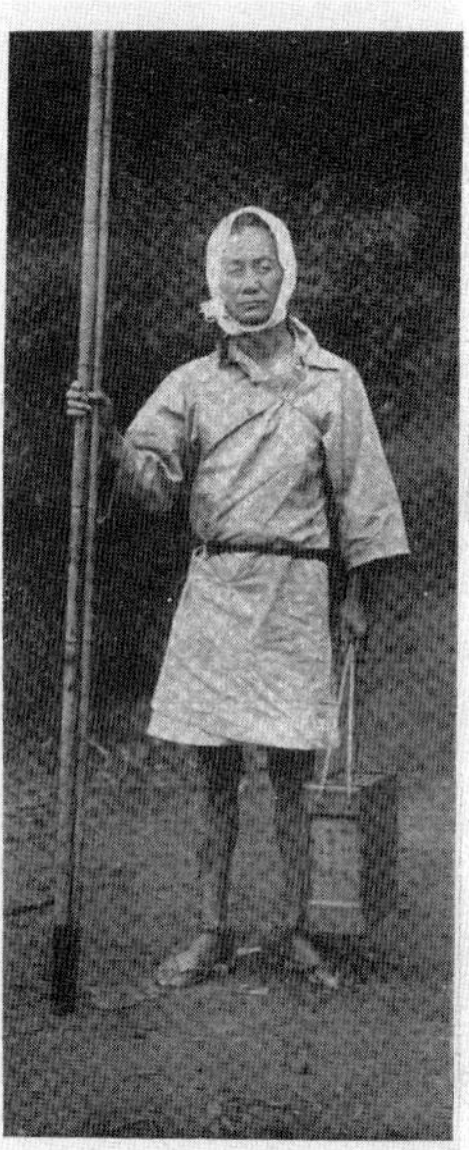

本書巻頭でも紹介した佐藤垢石。対談当日これを見て吉原さんは、当時汽車に積めるサオの長さは、和弓の長さが基本だったことを思い出した

現在は週に4～5日ペースで社交ダンスに通い、足腰の鍛錬を続ける吉原さん。「医者に言われたからですよ」と照れ笑いするが、70歳を超えた現在も友釣りを楽しみたいとの思いは人一倍強い

イカーブームで一般サラリーマンが自家用車を買えるようになった時代。それまでの友釣りは、地元の人でなければ電車やバスに乗って川沿いの宿に泊まらないとできなかった釣りでした。それがマイカーブームの到来によって一般の人も楽しめるようになって、当時の先輩たちが最近人が増えたせいかマナーの悪いヤツが増えて困ってる、なんてグチを言ってたのを思い出しますよ。

鈴木　私は「日本友釣り同好会」というクラブに入ったのですが、釣行会はバスをチャーターしてました。今みたいに高速道路が整備されていないので久慈川とか那珂川に行くにも夜行でした。深夜0時に東京の渋谷へ集合、ひたすら6号線を走り、利根川のドライブインで早めの朝ご飯を食べて、川に向かう感じです。当時は釣具屋さんで情報を仕入れていましたが、釣具屋さんはどこへ行ってたのですか？

吉原　袋井にあった釣具屋によく行ってました。当時の静岡県はどんな小さな町でも釣具屋がありましたね。海沿いには海釣りメインのお店があって、山の近くには川釣りメインといった感じで、それぞれ特色が出ていました。それに釣具屋ごとに必ずオリジナルの便利グッズがあったんです。今ではチェーン店化が進み、それがなくなってしまったのが残念です。

鈴木　静岡の河川以外ではどんなところに行きました？

吉原　しばらくは先輩にくっついて、いろんな川を見に出かけました。退職してからはキャンプ道具を積んでそれまであまり見ていなかった四国、山陰、中国、九州、東北方面も見て回りましたね。

鈴木　ひとりで？

吉原　いえいえ、退職した仲間と2～3人で行くことが多かったです。ワンボックスカーに釣り道具とテントとキャンプ用具を積んで、梅雨が明けたから行こうか、といった感じで行き当たりばったりの鮎旅です。

鈴木　それは友釣りファンの夢ですね～（笑）。退職したら誰もがしたいと願っていることですよ。

吉原　とにかく身体が動くうちにと、釣果情報などいっさい無視で、全国のアユ河川を見て歩いたんです。どう考えたって6～7年はかかるぞ、オレたちに時間はあまり残されていないぞって言いながら（笑）。

アユの持つ本来の価値とは……

鈴木　友釣りを始めた頃と現在をくらべて、一番変わった点はどこだと感じますか？

吉原　そうですね。ここ20年はどこへ行っても川が瀕死の状態で荒れていて水量が減ってしまったことでしょうか。イノシシやシカが増えて下草を全部食べてしまい、雨が降るとすぐに土砂が流れ出てしまうといった声は、四国や九州の山間で多く聞きました。昔は猟師が獲っていたけど今は猟師がいなくなったこと、衛生面から野生動物を獲って勝手に売れなくなったという側面もあるみたいです。

鈴木　道具の進歩と川がダメになったのは、反比例してきた問題です。ダムや河口堰といった人工の遮蔽（ルビ：しゃへい）物の影響がとても大きい。また、そういうものを作るために盛んに山を崩すということもありますしね。

　それと同じような要因が、やっぱりアユの冷水病ですよ。吉原さんや僕らが楽しんだ時代の琵琶湖産は幅広でまっ黄色でものすごい追いがよくてね。それから釣り人口が一気に増え、道具が進歩してサオは細くて軽くて強くなって、イトも細くて強いのが出て、ハリも鉄バリからいろいろ加工されたものになって、そうした進歩と反比例して、アユの冷水病と分かっていながら全国の漁協に配給した全国内水面漁連が日本中の川をダメにした原因のひとつなんです。

そこにかかわる人間の利権や癒着のために10年も20年も隠し続けた結果、道具は進歩したけども友釣り人口はピーク時にくらべて激減。ここにきてようやく冷水病のアユもだいぶ改善され……というより冷水病のアユが放流されなくなって、各県の人工産もよくなってきて、ここ数年は天然遡上を促進しようとする動きも見られますし、産卵床作りも計画されています。まぁ、とにかくこんなに面白い釣りはほかにないのだから、若い世代もぜひとも楽しんでほしいと思いますね。

吉原　本当にそのとおりです。これまでいろいろな釣りを教わりましたが、この釣りが一番面白い。アユ釣りにも釣り方はいろいろあるけれど、やっぱり「友釣り」なんですよ。

鈴木　私も釣りはいろいろやります。商売上聞かれれば「釣りは何でも面白い」と答えるようにしていますが、それは公式コメントであって、実はアユの友釣りが一番面白いと思ってます（笑）。

吉原　この釣りを覚えたての頃は、川漁師がまだけっこういて、その人たちも「友釣りが一番面白い」と言ってましたね。長良川でも、ほかの川でも何人か同じセリフを聞きました。網で獲ったほうが早いんだけど、友釣りが面白いし値段もよい。というのは友釣りで釣れたもの、つまり掛かり傷があるヤツは天然の証として高く売れたんだそうです。でも今は傷のある魚だと嫌がられると聞きました。

鈴木　昔はアユといえば限られた人しか食べられなかった。地元の人たちか、東京の財界や政界にいる御大臣の方々。過去にイギリス大使館に勤めている知人にアユを送ったことがあるんですが、その人、アユが届いたのを見たとたん、早退して実家に帰っちゃったんです。その方の実家はたいそうなお金持ちで、80歳を超える元気なお母さんが健在で、そのお母さんが若かりし頃、樽に氷詰めになったアユが岐阜の長良川や馬瀬川や静岡あたりからよく届いてそれを食べていたんだそうですが、ここ数十年は食べていないと。そんなお母さんに大好きなアユを食べさせたいとの思いからその人は早退したそうなんです。それくらい貴重だったということですよね。

　アユの養殖が盛んな和歌山県の漁連関係者は「限られた人しか食べられなかったアユが、養殖が盛んになったことでスーパーや魚屋さんにも並ぶようになった。そのほとんどが養殖モノなので背中にこってり脂が乗ったブヨブヨの魚。それがアユだと一般の人たちの頭に20年くらいかけて刷り込んでしまった。その間にアユはまずい魚だと感じてしまったので、アユそのものの価値が極端に低くなってしまった」と言っていました。

　たとえば京都のように川床料理で出すような、釣りあげたアユだけを珍重する文化は残っています。上桂川などには漁師さんがいて、生きたままのアユを京都の魚屋さんに持って行き、それが料亭に届く昔ながらのシステムが確立されています。長良川の郡上あたりもそうですね。釣った魚が高く売買されていますので、きちんとした料亭や料理屋さんでおいしいアユが食べられる。こういうところは別ですが、そうでないところでは、アユのイメージが悪くなっている。傷のあるアユが売れないのは、まさにその典型だと思います。おそらく釣ったアユを見たことがないのでしょうね。

吉原　確かに引きの強いヤツなんて背中に傷が付くうえに身が割けますからね。でも、そ

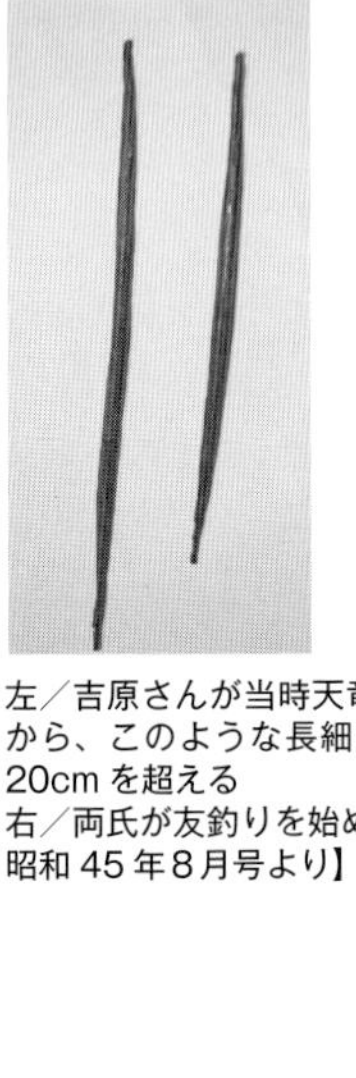

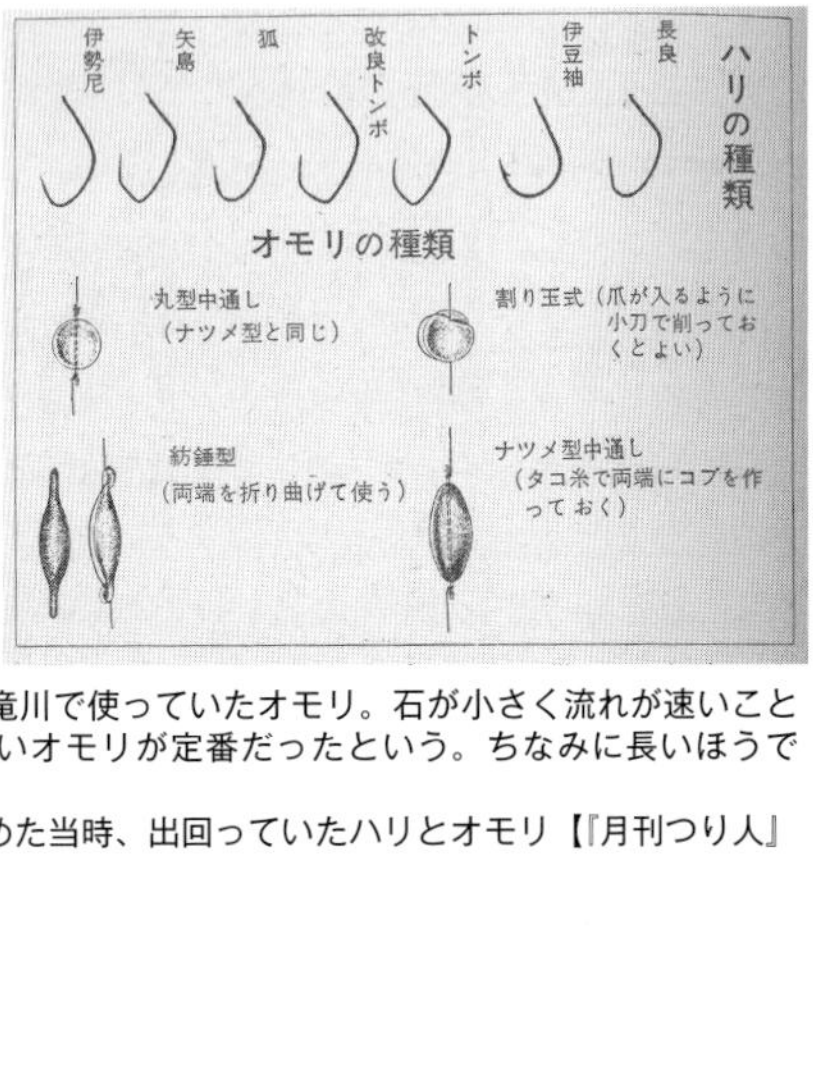

左／吉原さんが当時天竜川で使っていたオモリ。石が小さく流れが速いことから、このような長細いオモリが定番だったという。ちなみに長いほうで20cmを超える
右／両氏が友釣りを始めた当時、出回っていたハリとオモリ【『月刊つり人』昭和45年8月号より】

んな魚こそおいしいんですけどね。

昔のアユはよく追いよく引き よい味だった

鈴木　アユの味についてはどうです？　昔と今で変化を感じたことはありますか？

吉原　う～ん難しいですね。どこの川のアユも、地元の人はおらが川のアユが一番うまいって言いますからね。そもそもあの魚は鮮度が落ちやすくて、釣ってすぐならどこの魚だってうまい。持って帰ると味はどうしても落ちますね。

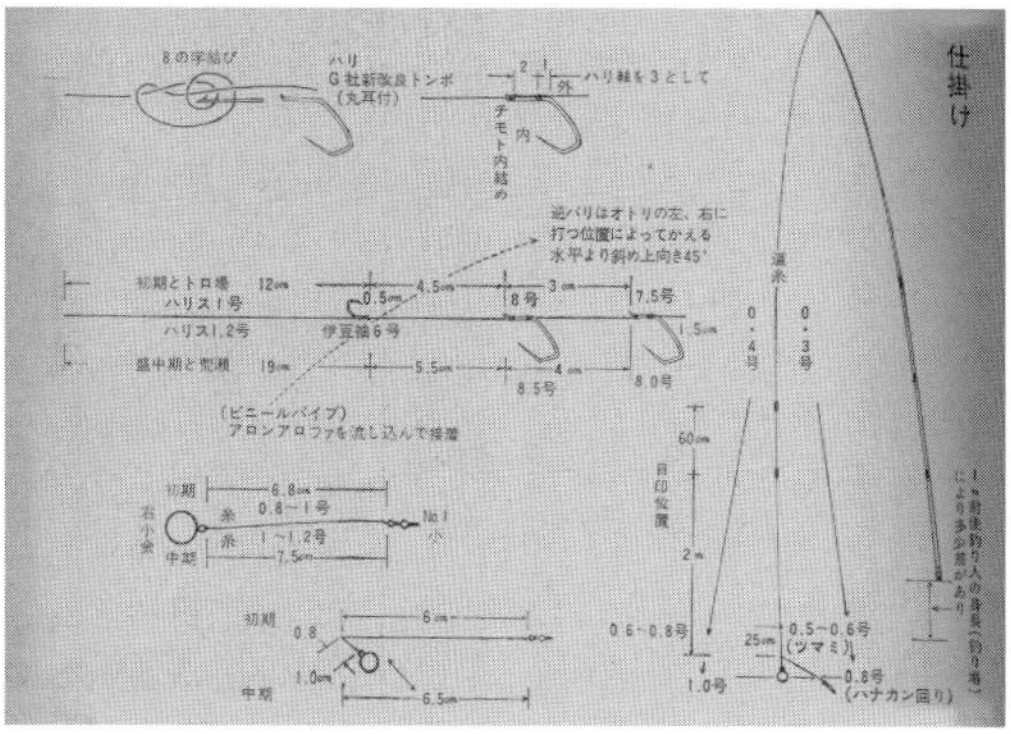

鈴木康友の友釣りの師・杉本隆一さん昭和50年当時の仕掛け。【『月刊つり人』昭和51年7月号より】

鈴木　狩野川の人たちだけですよ。自分たちの川のアユがおいしいって言わないのは。

吉原　そういえばそうですね。狩野川では聞いたことがない。

鈴木　狩野川の漁師さんは全国の川を歩いて味を知っていたからだと思います。漁師が全国のアユを食べているのは、おそらくあの川だけだと思います。

吉原　なるほど、それでですか。

鈴木　たとえ砂っ川であっても、ジャリってする感覚がいいって地元の方は本気で言いますし、それこそがアユだってわざわざ遠来から食べにくる人たちもいるみたいです。球磨川のアユだってあんな大きな魚を私たちは上手に焼けませんが、地元の人たちが焼くと上手に焼くんですよ。現地では大きいほどおいしいと言われますからね。その点では長良もそう。ただし京都や関東方面では大きいのはそれほど珍重されない。

吉原　個人的には水がきれいで流れが速くて深い場所で釣ったアユがうまいと記憶していますね。

鈴木　中部地方のアユって、総じておいしいですよね。

吉原　そうかもしれませんね。

鈴木　一説にはフォッサマグナの影響があるとかないとか。

吉原　でも最近はアユの味がどうもよくないように感じています。老化で舌が濁ったのかもしれませんけど（笑）。30代、40代の頃に食べたアユのほうがおいしかったように思います。

鈴木　実際にそうなんだと思いますよ。岐阜の馬瀬川のアユなんて、昔は釣ってオトリを替えようとしたらツルッと逃げられるくらいヌルヌルのすごくいいアユで、過去に社員研修で馬瀬川に行ったことがあるんですが、当時を知る社員からはいまだにあの時のアユが一番だったと言う者がいますからね。

　その時はまだ琵琶湖産のものすごく良質なアユを放流していた頃でした。それにまだ上流に何も建設されてなかったはず。今はトンネルや道の駅やいろいろできました。今も美味ですが、あの頃の馬瀬川のアユはもっとおいしかった。それはたぶん、老化で味覚が衰えたのとは違うと思います（笑）。

吉原　やはり天然アユならではの美味も川が健全であればこそ、ですね。

河川環境回復こそが残された道

鈴木　全国をまわってみて、ここは健全だな、と思うような川はありませんでした？

吉原　近年では、九州佐賀で神功皇后がアユ釣りをした伝説が残っている玉島川ですかね。九州でも数少ないダムのない川のようですが、水もきれいアユもきれい、食べておいしい、と3拍子でしたね。

鈴木　やはりダムのない川がいいんでしょうね～。

吉原　ええ。あとはやはり東北の川でしょうかね。

鈴木　東北はどこが印象に残ってます？

吉原　阿仁川とか小国川とか。そのほかでは長良川かな。でも長良川は先輩についていくだけだったので、きちんと見て回ったわけではなかった……。

鈴木　河口堰ができる前はよかったですね。

吉原　水量が多かった。支流の吉田川も同様、最初見た時はずいぶん透明度が高くて川底にある小石までくっきり見えて水が多いと思いましたが、地元の人に言わせれば、水は汚れたし水量も減ったと嘆いてました。

鈴木　スキー場とか馬瀬方面につながる道路とか、開発が進むたびにそうなっていったのでしょう。何もない時はすごかったでしょうね〜。

吉原　狩野川の初代組合長、その昔、狩野川から長良川に渡った飯塚利八さんが吉田川で釣った頃なんて、どれだけ元気でどれだけ大きなアユを釣ったかを想像すると……。１シーズン釣ったら竹ザオがササラみたいになったなんて書いてありましたからね。

鈴木　アユが天然で、川がきちんとしていて、ダムがなくて上流の森が土砂を流すことなく保水力を保っていれば、回復すると思うんですよ。アユが釣れればこの釣りの面白さにもっと気付いてもらえると思います。アユって初期投資は必要ですが、その後にかかるお金ってそんなにありませんよね。道具を最初に揃えてしまえばかなり長持ちしますし、サオなんてこれ以上の進化はないってくらい進化していますしね。これから道具を揃えようとするなら、タイツが3〜4年で硬くなってごわごわすると思いますが、それ以外はかなり使えるはずですよ。あとはオトリと入漁券を買うだけ。

吉原　大人の遊びにしたら安いものですね。

鈴木　そうなんですよ。年券買ったらあとは……だから釣りの中でもアユは極端に高いわけではない。

吉原　初期投資。入口だけ少し高い（笑）。

鈴木　そうそう。そこがもう少し安くなれば、もっと増える可能性は大いにあると思います。

吉原　あとはきちんと教えてくれる先生が必要ですね。私の経験ではアユ釣りは自己流ではダメ。昔のように年寄りが地元の子どもに教えてくれるような、しきたりというか、伝統みたいなものがあればいいんですけどね。

鈴木　昔は趣味が高じて釣具屋さんになった人が多くて、お店は奥さんがやっていて、旦那は釣りばっかり。そういう人がいた時代はよくあちこちで教えてくれたものですけど、そんな人もいなくなりましたからね。釣具屋さんがみんなチェーン店化してしまった。でも最近になって、ようやくお店やメーカーが友釣り教室を開くようになってきた。でも吉原さんみたいに、連れて行ってくれた先輩がいたというのは大きいですよ。

吉原　連れて行ってくれたわけではなくて、勝手についていった（笑）。とにかく川を回復させることが先決でしょうね。

鈴木　２０１４年大阪のフィッシングショーの会場で高橋勇夫さんという農学博士が研究者の視点で、そして私が釣り人の視点でアユの現状と将来についての講演を行なう予定です。これまでは釣りに関わるメーカーも漁協もそういうことをまったく知らず、というより知ろうともしていなかったし考えてもいなかったので、この機会に意識を変えてもらいたくて企画しました。

　一部まだまだ強引にダムを作ろうとする行政の理不尽な動きもありますが、全体の流れとしては地元との癒着から何でもかんでも強引にダムを造る動きというのは抑えられつつあります。私の考えは、役目を終えたダムは将来的に撤去すべき。撤去すれば自然が回復してくる。もちろんダムだけでなく山の手入れとかいろいろな問題はありますが、ダムがあることでそれよりも下流域が、川も森もどうしても痩せてきます。公共事業のすべてがいけないのではなくて、ダムを撤去するのに必要な公共事業費ならどんどん使ってほしいと思っています。

　ダム造りは規模によっても違いますが、平均15年とか20年と言われていますので、そこへ公共事業費を投入すると地元の土建屋さんが20年食えるといわれ、どんどん造られてきたわけですけど、これからはダムを壊すことにお金を投じてほしい。そのほうがお金も時問もかかります。結果的に20年、30年地元の人が食えるようになるなら、それでよいのではないかと思います。

吉原 高橋勇夫さんはアユの研究成果を漁協や釣り人と共有して「天然あゆを守る」活動をなさっている方ですよね。そのきっかけとなった矢作川は、昔よりずいぶんよくなっていると思いますね。

鈴木 あそこは漁協が熱心ですからね。支流の巴川でもアユがのぼれない堰堤の中央付近から緩やかなスロープ状にして誘導したら、天然遡上するようになったんですよ。ちょっとしたことで川がよくなることがあるという典型だと思いますね。マスだけでなく、アユ用の魚道をきちんと考えるべきなんです。

吉原 河川環境が回復して、天然のアユがわんさかいるような時代になってくれれば。佐藤垢石の本に出てくる川のようになるかもしれませんね。そうなれば川ガキも戻ってくるかも。

鈴木 子どもの頃からガキ大将がいて、地元の先輩がいて、そういう人からアユ釣りを教わっていれば間違いないんでしょうけど、今は川に入っちゃダメ、泳いじゃダメって時代ですからね。子どもが川で泳がないと絶対に釣り文化はつながっていきませんよ。

吉原 30年ほど前に中部地方の河川で子どもたちが川遊びしていてアユを捕まえると、そこに掛けバリをセットして、一ヒロくらいのミチイトの先に風船を結んでアユを離す。すると風船がゆらゆら泳いでいく。掛かるとピューッと風船が勢いよく走り出す。それを子どもたちが泳いで取りに行くと、野アユが掛かっているという遊びを見ました。地元の年寄かだれか大人が教えた方法なんだと思いますが、実に楽しそうでしたね。ああいう子どもたちが、大人になって川に戻ってくる時にはサオを持ってるっていうのが正しい環境なんだと思いますね。

鈴木 九州・球磨川の支流の川幅1~2m程度の小さな流れで、子どもたちがアユの尾にハリスを巻きつけてから放すんです。掛かったらそれを網でとって、ハリスを巻きつけたアユをまた上流に放す、という遊びを行なってます。

諸説ある友釣り発祥について

鈴木 「友釣 酔狂夢譚」には京都八瀬川が最古の文献と書かれてましたが、友釣り発祥説についてはどう思われますか?

吉原 修善寺の虚無僧説や久慈川説とか諸説いろいろありますが、個人的にはアユがつっかけるのを見たら、釣り好きの人間なら誰もが思い付くように、あれにハリを付ければ釣れるのでは? と想い浮かぶ人は多かったのではないかと。だからあくまでも自然発生的に各地で起こったもので、どこが一番最初というのはなかったのではないかと思います。

鈴木 その昔、釣ったアユを卸した九州地方では、背中の傷を見て「これは朝鮮仕掛けだね」と言って仕分けられていたという話を聞いたことがあります。それが事実なら中国大陸や朝鮮半島から伝わったという説も考えられるわけです。かの地では途絶えてしまった文化かもしれませんが、日本ではそれが生き残り、独自のものとして進化していったのではないかと。

吉原 なるほど、新しい宿題ですか、これは?(笑)

鈴木 この本を読んで異論を唱えてくれる人が出てきてくれたら、さらに真実に迫れるかもしれませんね。

2014年1月 横浜中華街にて収録

明治期頃まで高品質テグスの多くは中国などからの輸入であった。明治14年の輸入額は中国貿易総額の1、2位ともいわれる。当時から貿易の拠点であった横浜から東京方面へ広まったのかもしれない

つり人アーカイブス

太平洋戦争が終わりを告げた翌年の1946年7月。まだ空襲の焼け野原が茫々と広がる東京にひとつの釣り雑誌が誕生した。わら半紙にガリ版で刷られたような、まことにささやかなこの本こそ小社の出発点であり、社名ともなった「つり人」創刊号である。

盛夏到来を祝す目玉企画として組まれたのは、ほかでもない「友釣り」。戦後初の釣り雑誌記事であると同時に、近現代の友釣り史を考えるうえでも看過できない貴重な資料でもある。

以下に創刊号の原典と、平易で読みやすい現代版読み下し文をあわせて収録した。創刊号オリジナル記事からは当代随一の友釣り第一人者として知られ、小社創立メンバーである佐藤垢石が1946年5月16日の狩野川解禁日へ乗り込み、明治・大正・昭和初期と語り継がれた狩野川流友釣り奥義に切り込んだ、その当日の息吹きをありありと感じ取ることができる。

◎オリジナル記事は創刊号誌面をそのまま再現しているため下段には友釣り記事ではないエッセイも収録されています。
◎当時の狩野川鮎釣り解禁日を知る動画資料としてPCサイトNHK戦争証言アーカイブス「日本ニュース」にて、この記事の翌年1947年5月16日の狩野川解禁日のもようを見ることができる。そこでは初アユの東京店頭小売価格100匁（375g）150円とあり、「つり人」創刊号が6円、当時のビール大ビン正規価格23円（闇値では100円程度で流通）だったことから比較しても当時の天然アユは驚くほど高価であることがうかがえるだろう。

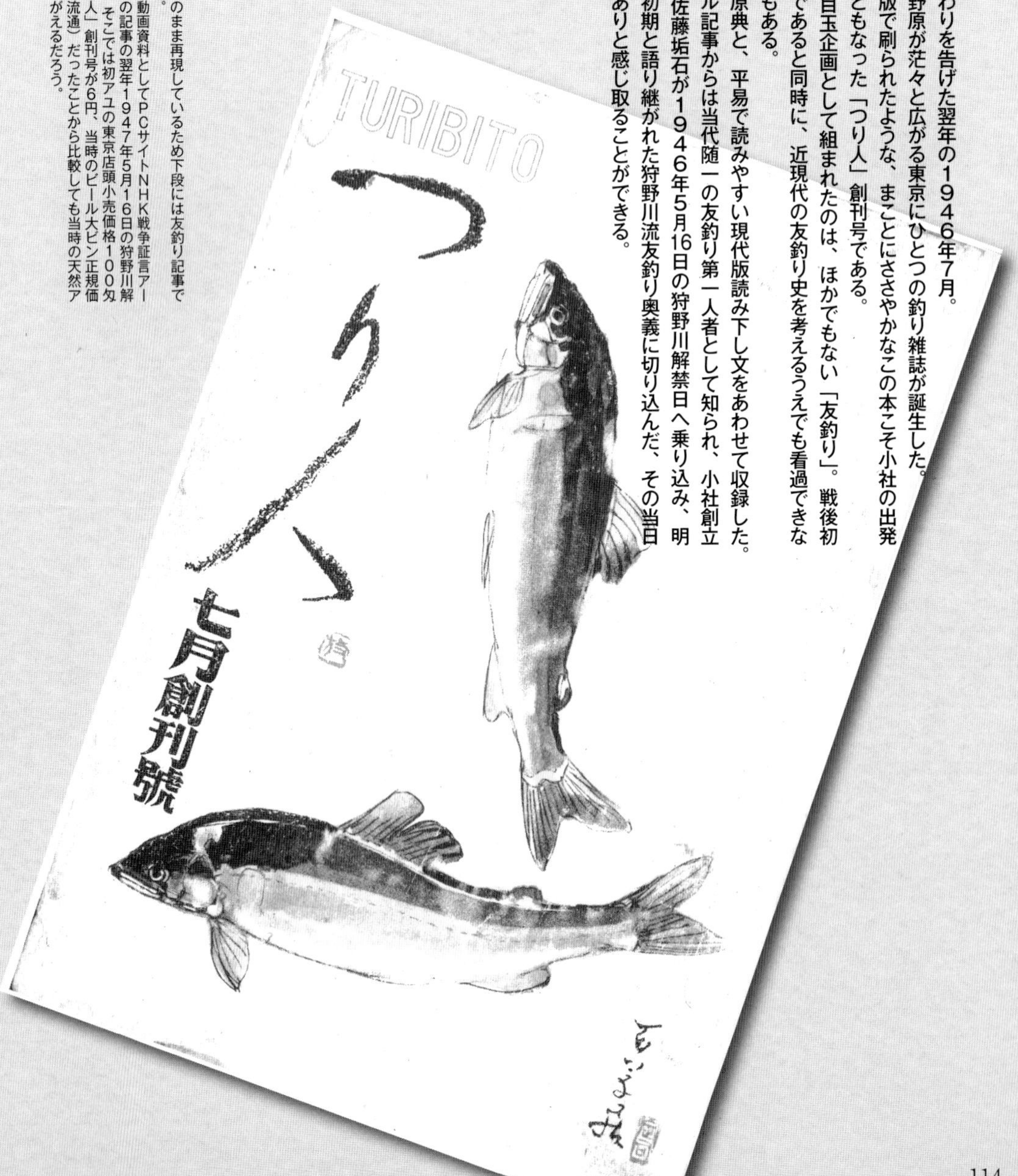

鼎談

狩野川の鮎釣

名人が語る友釣の奥儀

―語る人―
野田重衞
中島伍作
佐藤垢石
―於―
修善寺温泉
水月館

西は九州球磨川の十一日で、雨後の増水で黒星、東日本のトップを切つて〃ふたをあけられた〃伊豆の國狩野川の鮎釣解禁は五月十六日であつた。終戰後初の解禁日で各地、各方面から手具脛引いて待ちあぐんでゐた釣人が陸續と集つたのである。併し以前からの氣溫低下で發育惡るく「はみ跡」の全然見る事が出來得なかつた位であるから、囮入手が出來ず大半は坊主に終つた。これまた黒星である。

この夜本社では湯の香薫る若葉の町、修善寺温泉水月館において第一回現地鼎座談會「狩野川の鮎釣」を催した。睡る天城の山々に、折から「みつ月」は高く皎々と麥畑をてらしてゐた。河鹿鳴く桂川の畔……語る人は修善寺町長野田重衞氏と友釣名人中島伍作氏、本社側の佐藤垢石老の三人であつた。

枯淡な風格でボツ〳〵口をきり始めたけれども、桂川の溪聲に似て、深々として盡きず、鮎釣話は漂々乎たる人生縮圖の姿でもあつた。（文責記者）

解禁日狀況

佐藤　今晩はご多忙中を態々ご出席下さいましてありがとうございます。

「つり人」の創刊號が出來る七月はちやうど鮎釣の最盛季になりますので、狩野川の鮎釣について、皆樣からいろいろお話し頂き、この速記を「つり人」に掲載して日本中の釣の愛好者に讀んで戴き度いと思ひまして、この會を計畫したやうな次第であります。では最初に今日（五月十六日）の解禁日の模樣について、中島さんから御感想を一つ。

中島　先づ「つり人」誌發刊の御祝を一言申し上げまして……。

この解禁日にあたり遠方よりわざわざ御出漁なされましたのに竿を意の如く入れられなかつたり、又囮を入手出來得なかつたといふやうな狀態でまことに殘念でした。川は解禁前に一通り見て步るきましたが、小さいけれども非常に數が多いから、六月下旬になつたら頗る面白く釣が出來ると思ひます。

解禁日に釣れなかつたのは、天候が惡るかつたので川のぬく（垢）がなく、鮎は一年生のもので育ちがよいのですがこの條件では育たず、小さいので、友釣にか丶らなかつたのでせう。

佐藤　さうしますと初めて狩野川に姿をみせたのは……。

中島　こゝで初めてみたのは四月の中頃です。その前に見た話は聞きましたが續々と多數見えたのは二十日後の方が多く。それ以前ではモヂリに入つた話を聞きました。

佐藤　今日は多數釣つた人があるでせうか。

野田　何處でも不漁の樣でした。

佐藤　上流の樣子はどうでした。

野田　一里强の上流迄いつたものが、不漁で十時頃歸つてきましたから矢張り駄目でしたでせう。中島さんの御話の通り水が冷めたかつたのが理由でせう。

佐藤　水が冷くて囮を追はない……。

野田　小さい……。

中島　育たなかつたからで、今日のやうな天氣が一週間も續けば大變よいのですが。

佐藤　大見川、年川合流點で三匹とつた人があつたが大漁ですか。

中島、野田　それは大漁でせう。

佐藤　本年の豫想について……。

中島　昨年のことをいふと天候がよかつたけれども、矢張り掛らず、これは居ないのではないかと思つたのですが六月末、七月になつて相當大きいのが釣れたのです。溯つてきた、增へたとも考へられないのです。それに較べると、本年は小さいのが頗る多いから六月中旬から、七八月には、相當面白い釣が出來ると思ひます。

佐藤　一番大きくなる場所は？

野田　大仁橋の上下流です。この附近では長さを言はず目方ですが、七月には卅匁位になるでせう。

佐藤　今年の放流はどんな具合ですか？

野田　近日中にすると言つてゐます。

佐藤　何處のものですか？

野田　濱名湖の產です。最初は琵琶湖產であつたらしいですが、小田和灣附近のものです。

佐藤　天然と放流とは追ひが違ひませんか？

野田　同じ樣です。併し放流鮎は育ちが惡るいやうです。

佐藤　今日聞いたのですが、六時から十一時迄に友釣で二百匹釣つた話ですが、これは、一寸友釣では出來ぬ相談ですな。六七年前、田京針金渡しで掛け釣でその位釣つた話がありましたが……。

野田　瀨附ではないのですか。

狩野川の特質

佐藤　いや八月です。皆さんは各地各縣をお歩きのやうですが、狩野川の特徵を一つ御話し願ひ度いのですが……

中島　さうですね。外の川と比較して

野田　川の長さが短いから、水出の濁りが早くとれて澄むことですな……。

佐藤　外の川に比べてよい垢がつくやうですね、育ちがよいと思ふ。

中島　他に比較して育ちがよい。

佐藤　鮎の質がよい。

中島　鮎の質は一番よいと思ひます。富士川に比較するとずつとよい。

佐藤　それに大釣りはないけれども、何時きても平均に釣れるやうです。この川へくるとなか／＼釣り難いが、富士川にいくと相當に釣れる……。

野田　……變な話ですが、この川の釣人は一番上手です。私は下手ですけれども富士川へでもでかければ、富士川の職漁者と同じ位釣りますが、こゝではさうは釣れない……つまりはたが上手です。

佐藤　ゐる鮎だから誰にでも釣れさうなものなのに、この川では下手な人にはかゝらず、上手な人にかゝるのはどうした譯でせうか。まさか鮎が人みしりをするわけでもないでせうに……。何かあるのではないですか。

中島 解禁當初釣れるのは何れの河川でも同じですが、早くかゝる性質のものは先に釣つて終ふ、それに殘つた鮎を釣るから妙味があるのですね。

野田 川が小さいので何處でも竿が行亙る。そして何んとか考へて「釣れる魚」を全部釣つて終ふ。ですからあと殘つてゐる魚を釣るのだから、自然むづかしくもなり、上手にもなるといふ譯ではないですか。

中島 淵にゐる魚は淵頭にでた時に、瀨にでた時に釣るけれども、川幅の廣いところでは竿が屆かないから、どうしても「釣れる魚」を殘すことになる。

佐藤 狩野川の漁師は大變親切です。ですから"友釣の道場"へ通ふ氣持ちです。昔からこんなに氣風がよいのですか?

野田 こゝでは囮鮎は氣持よく借してくれます。

佐藤 祕密がいらない……腕に自信があるからで、仕掛を見せてくれる。囮を借してくれる。敎へてくれる。靜岡縣は何處でも氣風がよいと思ひます。

野田 中島さんは上手だから、毎日同じ場所にいかない、だから昨日いつた場所を聞かないとでかけられない。ひどい眼にあつて終ふ。

佐藤 友釣は、何處から始つたのでせうか。美濃の長良川、飛田の宮川、上州の利根川で聞いても狩野川の漁師に聞いたと云つてゐます。

中島 私の父親がやつてゐましたから百年前には相當にやつてゐたわけです。今と比較したら、比較にならんですが。

佐藤 先年死んだ「壽々久」の爺さんは幾つ位でしたか。

中島 七十位ですが、まだ先輩がゐました。彦さん、梅さんが上手だつた。

野田 私が子供の時に六十位だつた。

中島 釣をかうしろ、と敎へてくれたものです。その頃、壽々久は一人前ではなかつた。

佐藤 逆鈎を鰭に通すやうになつたのは何時頃ですか。

野田 友釣で數釣れるのは逆鈎を使用する關係だと思ふのですが、何時頃ですか……。

佐藤 利根川に逆鈎がきたのは、明治四十二、三年頃壽々久が敎へたといつてゐますが。

"瓢簞なまづ"

松本榮一

仕事場の棚に、修理の釣竿が跡を絶つと云ふことは凡そありません。其どころか、少し油斷すると、直ぐ葉書のやうに溜つてしまふのです。仕事場に座ると嫌でも其が目に著きます。修理の釣竿は兎角催促され勝ちなので、何時も頭の中に蟠つてゐる故か、其を眺めると憂鬱になります。

よく釣竿を修理に持つて來ると、新しい釣竿を作るより簡單な仕事のやうに考へてゐる方があるやうですが、實際は新規の釣竿を作るより面倒でむづかしい仕事なのです。之は微妙な調子其の他の「味」を尊ぶ釣竿が、一度毀れると、舊の味を取戻すことが中々困難だからであります。釣竿を修理して、舊のものより善くなると云ふことは、先づありません。

修理に來る釣竿を見ると、其怪我にも色々なのがあります。穗先の無いもの、穗先の頭が折れたもの、或は思ひも寄らない箇所で折れたり割れたりしてゐるものなぞ、一見似通つた傷もそれぞれ性質を異にしてをります。永年釣竿を弄つてゐると、其傷の工合を見て、其が粗相や、不注意に依るものか、釣竿自體の缺點や、故障で生じたものか、凡そ見當が著くものです。私の見た所では、大方は粗相や、不注意で破損したものが多いやうに思はれます。釣竿は矢鱈に折れたり割れたりするものではありません。

昔から「形のあるものは毀れる」とか申しますから、用ひるための釣竿が、用ひて毀れたのは理の當然で、致し方ないことなのかも知れません。だが、破損は別としても、中には隨分ひどいと思ふものもあります。其は、魚の鱗とか、釣場の泥

中島　逆鈎を使ひ始めたのは蝶々鈎を使つたからで、この蝶々鈎によく鮎が掛つた、これを使つたのが彦さん、梅さんが初めであつたらしい。この蝶々鈎を作るには、普通の鈎では駄目で「つむぎのえりしめ」を燈火で燒いて曲げる、蝶々鈎を使ふにはどうしても逆鈎が必要で、逆鈎をだんだん使ふやうになつてきたのでせう。

今から三十七、八年前と記憶してゐます。

佐藤　明治四十年頃ですか……さうすると梅さん、彦さんが考へて、蝶々鈎の使用と共に必要になつてきたわけですな。

初心者への助言

佐藤　初心者の爲に友釣の助言――注意すべき事を、御話し願ひ度いと存じます。注意・助言を守ればよく釣れるやうになる……讀者の爲に……初心者の爲にお話し下さい。

中島　私の話は適中してゐるか、どうですか……先づ友釣をしてみようと、せんとする人には鮎はどんな性質をもつてゐるか、研究する必要があります。

總じて團體的活動する性質がある。個個別々にゐるのもあるが、團體的活動をしてゐる。淵にゐて、淵頭にでる時、淵尻にでる時にも、例へば大淵のやうなところでも、その時には何十、何百と出ようとする、ザラ場でかゝるのは淵からでてきたもので、鮎は總じて團體的活動をしてゐるものです。

川底に變化のある處とないところでは小ザラで平に流れるところより、變化のある川底の鮎の方が掛り易い。淺いところの魚が掛り易い、深味に人が入つてくると、淺場にすぐ鮎がでゝくる。又出鮎が掛りがよい。

五六間先へ囮を入れようとすると、一間もいかぬ間に、ビユーととんできて掛る。さういふ事がよくあるが、これが出鮎であるから、後方に身をひいて何匹かを釣るわけであります。この出鮎はゐる範圍があるから、何處の部分から何處の部分までゐるかを釣りながら判斷して、それを知る事が友釣の極意ではないかと思ひます。

それは初心者には甚だ無理であるけれども、能率をあげる祕法で……。

自分の釣つてゐる場合には上の人、下の人が、何時、幾つ釣つたかを皆勘定し

とか、甚だしいのになると、蚯蚓や、沙蠶の木乃伊なぞまでが、こちこちにひからびて薄汚くこじりついてゐる釣竿を、其儘修理に持つて來るのです。高等學校の生徒等が弊衣弊帽で態と薄汚い恰好をするのは蠻襟と云ふ洒落方ださうですが、釣竿の薄汚いのは、無精者が爪に垢を溜めて黑くしてゐるのと同じで、洒落にもなりません。

そんな釣竿に會ふことは、私等釣竿を作る者にとつて、甚だ情無く不愉快なことであります。と同時に、其持主のお人柄や、釣の腕前も自づと分るやうな氣が致します。けれど、また其反對に頭の下るやうな釣竿もあります。例へば、一寸目には持ち古びた平凡な釣竿に見へても、手に取つて見ると、隅から隅まで淸々と掃除が行屆いてゐて持主の愛情が慎しい風情となつてゐる釣竿や、丹念な手入の艶が竿の肌に溶け込むで、店頭では見られない愛用の美しさに活々としてゐる釣竿なぞ見る目にも愉しく、本當に嬉しいものです。さう云ふ釣竿の修理は、義理にも何んとかして舊のやうに直さねばならないと、責任を感じます。

最近、或古い釣の雜誌を讀んでゐると、其中で鮒釣の仕掛に就て、或る釣人が「私の仕掛は三四寸の鮒を標準に拵へてあるので、從つて七八寸以上の獲物は望外の好運と信じてゐる云々」といふやうな意味のことを云やてをりましたが、此言葉は玩味すべき言葉だと思ひます。

東山時代に如拙と云ふ坊さんの描いた繪に「瓢鮎圖」と云ふのがあります。此繪は一人の男が兩腕を捲り上げ、瓢簞を諸手に執つて、一匹の鯰を捕へようと力みかへつてゐる奇抜な有様を描いたものです。繪の景色は、遙かに見へる野川の眺めでよく關東の鮒釣場に見掛けるやうな風景です。男は其野川の岸に腰を屈めて鯰を窺つてゐるのですが、水中の鯰は瓢簞の倍もある大鯰で、男を尻目に鰭を擴げて舞ふが如くに逃げて行くところで

くでゐる。それ迄に頭を使用してゐなければ釣れるものではありません。上下を注意して釣つてゐる。そしてこゝを釣れば何處を釣るかを考へ、あの人は丁寧に釣つてゐない。前をやつたが沖をやらぬ……そのやうに注意して釣つてゐることが肝腎で、職漁がかつてくるが、川を擴く丁寧に釣ることが必要であります。

自分が上から釣り下る時に、下手に釣り上る人があれば……その間の部分が良場所と思へば、掛つた鮎を下手まで導いてあげる……つまりその場所を占領することで、ぐづぐづしてゐると、下の人に領されて終ふからである。そして下を釣つてから、ゆつくり釣ればよいと思ひます。

佐藤　つまり「繩張り」……。

野田　人の釣つたところを釣らない。この川では人が釣れても決してその附近に寄らない、靜岡の釣人は人が釣れるとすぐ寄つてくる。藁科川を釣つてゐるので、あの川では出漁者多く、釣つた留守へすぐ入り込む、富士川もさうで、上下から挾み撃にする。

佐藤　町長さん、私も日本中廣く歩いたけれども、中島さんのやうに上手な人はないと思ひます。姿がよく靜かで、無理がなく、よく澤山とる、こんな人は二人と出合はなかつた、どうして上手かと云ふと……わからない……。

野田　結局靜かに釣る爲ではないでせうか、ヘチで釣つてゐても直ぐに深みに入つて終ふ。これは性分で私等もさうですが……。

それから中島さんの出鮎の話がありましたが、深みにゐる出鮎は釣つてみると鰭、腹が黄色ですからすぐわかるけれども、囮として使用すると、すぐ同じ色になつて終ひます。

中島　そして體が扁平氣味で圓味が尠い。そして出鮎は淺い方へ〳〵と寄つてくるから一ヶ所で數釣れることになる。

佐藤　囮の扱ひ方は、遊ばせる氣持ちは……。

中島　あれは鼻づらを上げると、深くもぐらうとする。左へねじると右へ、右へねじると左へ、すべつて反對へ、反對へと動くものです。そして囮鮎がぢつとしてゐて、活動しようとする、その時に鮎が跳びかゝつてきて、掛るもので、囮を始終活動させるのが「コツ」でせう。それには、水底に囮が沈んでゐれば竿先を立てゝ、竿先と囮に糸のたるみなく囮がいつも活動してゐる。その爲に鮎のか

す。其恰好が、どこかおどけて見へるので、私は鯰が岸の男を嗤び憐む心を、動作に示してゐるのだらうと、勝手な臆測をしてをります。申すまでも無く此繪は「瓢簞で鯰おさへる」譬を畫いたものであります。

ところで、釣人の中には、仕掛を作る場合、この「瓢簞なまづ」式の仕掛を作る人が意外に多くあるやうです。詰り先の鮒釣の仕掛とは反對に、大物を標準にして仕掛を拵へる人が多いやうに思ふのです。

其は多分、大物が掛つた時、肝心の仕掛が切れて、切角の獲物を取逃しては大變だと云ふ用心からだと思ひます。だが、さう云ふ仕掛を用ひる人は、釣竿に對しての用心はどうでせう。鮒には鮒に適した仕掛があり、鯉には鯉に耐へるそれがあります。釣竿も其通りで、鮒には鮒の竿、鯉には鯉の竿と、其向々に依り異なる調子や耐久力の限度があります。仕掛の用心は結構ですが、竿の用心がお留守になつては、切角の用心も、大の虫を殺して小の虫を生かす間尺に合はないことになるのです。

仕掛は用ひる釣竿の種類に依り、各々異る調子や耐久力を考へて作らねば嘘だと思ひます。そして、釣竿の耐久力以上のものが掛つた場合は、自然と仕掛の方で切れるやうに工夫するのが正しい作り方だと思ふのです。

大物を引つ掛けて玉網に納めるまでの間、釣竿の有つ力と調子を活かして大物を操り、此兼合の仕掛を自由自在に使ひこなすのが、釣の立派な腕前でありませう。ですから、假に鯊竿に丈夫な仕掛を附けて、紛れ當りの鰡を釣り上げたとしても其は文字通りの好運で、決して腕前の自慢にはなりません。寧ろ、釣人の面目から云へは、瓢簞を持つて鯰を追ふに等しい腕前でありませう。

誰かの夏の句に—金魚はでに泳ぐ夜店の人いきれ—とか云ふのがありましたが、私は子供の頃夜店の金魚釣りが大好きで出掛けたものでした。明るい電燈の下に、其ごそ眩しい程派手に泳いでゐる澤山の金魚を、小さな錨で引つ掛けるあの樂しさは忘れられません。

かりが非常によい。

佐藤　誰でも遊ばせようとするが……それがなか〳〵出來ない。中島さんばかりよく釣れるのである。一つの場所でどんどんかゝる。歩かないで一ヶ所で二十三十も釣つて終ふ。その場合。その場所でいくつ位ゐるか見當がつきますか。

中島　私の體が動かなく共竿が四間一尺五寸、綸が四間四尺で八間五尺五寸の範圍を釣ることになる。一ヶ所で數釣るやうな場所はトロですから、囮の活動する場所は頗る廣範圍で、廣い場所を釣つてゐることになります。出鮎は一つの石にいくつかの魚がよつてゐるから幾つも釣れます。

佐藤　尻尾の先の鈎の間隔の伸縮について。

中島　私のやり方は小さい囮の場合にはつめる。大きい時はその三倍ものばす併し多くのばしても尾端から五分位。小さい場合は鈎の結び目と尾端とすれ〳〵にして使ひます。

瀬と瀞との使ひ分けは、瀞の時は間隔をつめ、瀬の場合はのばします。それから魚の大小による、鼻環、逆鈎のたるみ、は逆鈎で調節をとる。つまりゆるみのある場合ははづれると困るから、胸鰭の深く、肉の部分にさしてははづれ難いやうにする。

野田　一番大事なことは上手な釣人程竿をたてゝ囮をもぐらせる。遠くでみてゐても、釣つた魚をとる事、竿のたて方で上手がわかります。

中島　囮がもぐらねば錘をつける。錘をつけると囮の活動がにぶるから、なるたけつけぬやうにしますが、つけると鼻環から五、六寸位のところにつける。それから魚をかけてから下手な人ほど早く魚をとるし、一度近くに寄せた魚を二度と遠方へださぬ。皆さんにはお釣りなつてゐて申上げる迄もないが、掛り具合でどうするか、いろ〳〵申上げれば、尾にかゝつた魚は、ピシャ〳〵と一氣に引寄せて終ふ。口にかゝつた魚は糸にたるみなくピタピタと流してとる。胸、腹にかかつた魚は早くとるときれる。背にかゝつた魚は鮎のむきをみて、自分の手先へ引きつけるやうに竿をねかせる。掛り鮎によつて、あげ方が異るわけで同じ方法では大變手間どるわけであります。

佐藤　たいへん結構なお話をおうかがひしました。いつまで話をしてゐても、盡きませんから、この邊で終りたいと思ひます。どうも有難うございました。

太鼓のやうに撓つた釣竿を左手の親指と人示指で輕く撮むで今にも絲が切れはせぬかと、けらはらしながら右手に持つた瀬戸引の器を思はず握緊める。あの息も吐けない緊張した氣分が興味の頂天です。此の氣分は、子供も大人も一つだと思ひます。目に見へる金魚と目に見へぬ魚の異はあつても、釣の醍醐味は此處になければならない筈です。

【現代文読み下し版】

鼎談　狩野川の鮎釣　名人が語る友釣の奥儀

続いてこれが現代文読み下し版である。「逆バリ誕生にまつわるチョウバリとの意外な関係」「出バミアユをねらうポイント選択の極意」「張らず緩めず挑発するオトリ遊泳のコツ」……など。

平易になった文面をご一読いただければ分かるように、およそ70年もの昔、すでにして現代の友釣りへと通じる基礎理論が確立され、不変ともいえるこの釣りの神髄が名手から名手へと受け継がれていたのだ。

◎創刊号にて掲載された鼎談の現代文読み下し版として原文の雰囲気を損なわぬ範囲で旧字、旧仮名づかい、言い回しを現代的に変更したほか、より読みやすくするため適宜注釈を追加し、一部表現もあらためました。
◎（注：）は編集部にて今回新たに追加した注釈です。

語る人　野田重衛　中島伍作　佐藤垢石　於　修善寺温泉　水月館

西は九州球磨川の十一日で、雨後の増水で黒星、東日本のトップを切って〝ふたをあけられた〟伊豆の国狩野川の鮎釣解禁は五月十六日であった。

終戦後初の解禁日で各地、各方面から手ぐすね引いて待ちあぐんでいた釣り人が、陸続と集ったのである。ただし以前からの気温低下で発育悪く「ハミ跡」を全然見ることができなかったくらいであるから、オトリ入手ができず大半は坊主に終わった。これまた黒星である。

この夜、本社では湯の香薫る若葉の町、修善寺温泉・水月館において第一回現地鼎座談会「狩野川の鮎釣り」を催した。ねむる天城の山々に、折から「みつ月」は高く煌々《こうこう》と麦畑をてらしていた。河鹿鳴く桂川の畔……語る人は修善寺町長・野田重衛氏と友釣り名人・中島伍作氏、本社側の佐藤垢石老の三人であった。

枯淡な風格でボツボツと口をきり始めたけれども、桂川の渓声に似て、深々としてつきず、アユ釣り話は漂々《ひょうひょう》乎たる人生縮図の姿でもあった。（文責記者）

解禁日状況

佐藤　今晩はご多忙中をわざわざご出席くださいまして、ありがとうございます。「つり人」の創刊号ができる七月はちょうどアユ釣りの最盛期になりますので、狩野川のアユ釣りについて、皆様からいろいろお話しいただき、この速記を「つり人」に掲載して日本中の釣りの愛好家に読んでいただきたいと思いまして、この会を計画したような次第であります。では最初に今日（注：一九四六年五月十六日）の解禁日の模様について、中島さんからご感想を一つ。

中島　まず「つり人」誌発刊の御祝いを一言申し上げまして……。

この解禁日にあたり遠方よりわざわざご出漁なされましたのにサオを意のごとく入れられなかったり、またオトリを入手できなかったというような状態でまことに残念でした。川は解禁前に一通り見て歩きましたが、小さいけれども非常に数が多いから、六月下旬になったらすこぶる面白い釣りができると思います。
　解禁日に釣れなかったのは、天候が悪かったので川のぬく（垢）がなく、アユは一年生のもので育ちがよいのですがこの条件では育たず、小さいので、友釣りに掛からなかったのでしょう。
佐藤　そうしますと初めて狩野川に姿を見せたのは……。
中島　ここで初めて見たのは四月の中頃です。その前に見た話は聞きましたが続々と多数見えたのは二十日後のほうが多く、それ以前ではモヂリに入った話を聞きました。
佐藤　今日は多数釣った人がいるのでしょうか。
野田　どこでも不漁のようでした。
佐藤　上流の様子はどうでした。
野田　一里強（注：約４㎞）の上流まで行った者が、不漁で十時頃帰ってきましたから、やはりダメでしたでしょう。中島さんのお話のとおり水が冷たかったのが理由でしょう。
佐藤　水が冷たくてオトリを追わない……。
野田　小さい……。
中島　育たなかったからで、今日のような天気が一週間も続けば大変よいのですが。
佐藤　大見川、年川合流点で三匹とった人がいましたが大漁ですか。
中島、野田　それは、大漁でしょう。
佐藤　本年の予想について……。
中島　昨年のことをいうと天候がよかったけれども、やはり掛からず、これはいないのではないかと思ったのですが六月末、七月になって相当大きいのが釣れたのです。遡ってきた、増えたとも考えられないのです。それにくらべると、本年は小さいのがすこぶる多いから六月中旬から、七八月には、相当面白い釣りができると思います。
佐藤　一番大きくなる場所は？
野田　大仁橋の上下流です。この付近では長さでなく目方ですが、七月には三十匁（注：約１１３ｇ）くらいになるでしょう。
佐藤　今年の放流はどんなぐあいでしょうか？
野田　近日中にすると言っています。
佐藤　どこのものですか？
野田　浜名湖の産です。最初は琵琶湖産であったらしいのですが、小田和湾付近のものです。
佐藤　天然と放流は追いが違いませんか？
野田　同じようです。ただし、放流アユは育ちが悪いようです。
佐藤　今日聞いたのですが、六時から十一時までに友釣りで二百匹釣った話ですが、これは、ちょっと友釣りではできぬ相談ですな。六、七年前、田京針金渡しで、掛け釣りでそのくらい釣った話がありましたが……。
野田　瀬付きではないのですか。

狩野川の特質

佐藤　いや八月です。皆さんは各地各県をお歩きのようですが、狩野川の特徴をひとつお話し願いたいのですが……。
中島　そうですね。ほかの川と比較して……。
野田　川の長さが短いから、水出の濁りが早くとれて澄むことですな……。
佐藤　ほかの川にくらべてよい垢が付くようですね、育ちがよいと思う。
中島　他に比較して育ちがよい。
佐藤　アユの質がよい。
中島　アユの質は一番よいと思います。富士川に比較するとずっとよい。
佐藤　それに大釣りはないけれども、いつ来ても平均して釣れるようです。
　この川へ来るとなかなか釣りづらいが、富士川に行くと相当に釣れる……。
野田　……変な話ですが、この川の釣り人は一番上手です。私は下手ですけれども富士川へでも出かければ、富士川の職漁者と同じくらい釣りますが、ここではそうは釣れない……つまり、はた（注：ほかの人）が上手です。

佐藤　いるアユだから誰にでも釣れそうなものなのに、この川では下手な人には掛からず、上手な人に掛かるのはどうしたわけでしょうか。まさかアユが人見知りをするわけでもないでしょうに……。何かあるのではないですか。

中島　解禁当初釣れるのはいずれの河川でも同じですが、早く掛かる性質のものは先に釣ってしまう、そこで残ったアユを釣るから妙味があるのですね。

野田　川が小さいので、どこでもサオがゆきわたる。そして何とか考えて「釣れる魚」を全部釣ってしまう。ですから、あとに残っている魚を釣るのだから、自然と難しくもなり、上手にもなるというわけではないですか。

中島　淵にいる魚は淵頭に出た時や瀬に出た時に釣れるけれども、川幅の広いところではサオが届かないから、どうしても「釣れる魚」を残すことになる。

佐藤　狩野川の漁師は大変親切です。ですから〝友釣りの道場〟へ通う気持ちです。昔からこんなに気風がよいのですか？

野田　ここではオトリアユは気持ちよく貸してくれます。

佐藤　秘密がいらない……腕に自信があるからで、仕掛けを見せてくれる。オトリを貸してくれる。教えてくれる。静岡県はどこでも気風がよいと思います。

野田　中島さんは上手だから、毎日同じ場所に行かない、だから昨日行った場所を聞かないと出かけられない。ひどい目にあってしまう。

佐藤　友釣りは、どこから始まったのでしょうか。美濃の長良川、飛騨の宮川、上州の利根川で聞いてみても狩野川の職漁師に聞いたといっています。

中島　私の父親がやっていましたから百年前（注：1846年＝江戸末期・弘化年間。ペリーの浦賀来航はこの7年後の嘉永年間1853年のこと）には相当やっていたわけです。今と比較したら、比較にならんですが。

佐藤　先年死んだ「壽々久《すずきゅう》」の爺さん（注：P83に関連記事）は、いくつくらいでしたか。

中島　七十くらいですが、まだ先輩がいました。彦さん、梅さんが上手だった。

野田　私が子供の時には六十くらいだった。

中島　釣りをこうしろ、と教えてくれたものです。その頃、壽々久は一人前ではなかった。

佐藤　逆バリを尻ビレに通すようになったのはいつ頃ですか。

野田　友釣りで数釣れるのは逆バリを使用する関係だと思うのですが、いつ頃ですか……。

佐藤　利根川に逆バリが来たのは、明治四十二、三年頃、壽々久が教えたといっていますが……。

中島　逆バリを使い始めたのはチョウチョウバリ（注：チョウチョウバリ）を使ったからで、このチョウチョウバリによくアユが掛かった、これを使ったのが彦さん、梅さんが初めてであったらしい。このチョウチョウバリを作るには、普通のハリではダメで「つむぎのえりしめ」（注：往時広く普及していた縫い針）を燈火で焼いて曲げる、チョウチョウバリを使うにはどうしても逆バリが必要で、逆バリをだんだんと使うようになってきたのでしょう。

　今から三十七、八年前と記憶しています。

佐藤　明治四十年頃ですか……そうすると梅さん、彦さんが考えて、チョウチョウバリの使用とともに必要になってきたわけですな。

初心者への助言

佐藤　初心者のために友釣りの助言——注

逆バリの誕生が友釣りを攻撃的に変えたといえるはず

意すべきことを、お話し願いたいと存じます。注意・助言を守ればよく釣れるようになる……読者のために……初心者のためにお話しください。

中島　私の話は適中しているか、どうですか……まず友釣りをしてみよう、と思う人はアユがどんな性質をもっているか、研究する必要があります。

　アユは総じて団体的な活動をする性質がある。個々別々にいるのもあるが、団体的活動をしている。淵にいて、淵頭に出る時、淵尻に出る時にも、たとえば大淵のようなところでも、その時には何十、何百と出ようとする、ザラ場で掛かるのは淵から出てきたもので、アユは総じて団体的活動をしているものです。

　川底に変化のあるところと、ないところでは小ザラで平らに流れるところより、変化のある川底のアユのほうが掛かりやすい。浅いところの魚が掛かりやすい、深みに人が入ってくると、浅場にすぐアユが出てくる。また、出アユが掛かりがよい。

　五、六間（注：9～11m）先へオトリを入れようとすると、一間（注：約1・8m）もいかぬうちに、ビューッと跳んできて掛かる。そういうことがよくあるが、これが出アユであるから、後方に身を引いて何匹かを釣るわけであります。この出アユはいる範囲があるから、どこの部分からどこの部分までいるかを釣りながら判断して、それを知ることが友釣りの極意ではないかと思います。

　それは初心者には、はなはだ無理であるけれども、能率を上げる秘法で……。

　自分が釣っている場合には上の人、下の人、いつ、いくつ釣ったかを皆勘定している。それほどに頭を使用していなければ釣れるものではありません。上下を注意して釣っている。そしてここを釣ればどこを釣るかを考え、あの人は丁寧に釣っていない、前をやったが沖をやらぬ……そのように注意して釣っていることが肝心で、職漁がかってくるが、川を広く丁寧に釣ることが必要であります。

　自分が上から釣り下る時に、下手に釣り上がる人があれば……その間の部分が良場所と思えば、掛かったアユを下手まで導いて上げる……つまり、その場所を占領することで、ぐずぐずしていると、下の人に占領されてしまうからです。そして下を釣ってから、ゆっくり釣ればよいと思います。

佐藤　つまり「縄張り」……。

野田　人の釣ったところを釣らない。この川では人が釣れても決してその付近に寄らない、静岡の釣り人は人が釣るとすぐ寄ってくる。藁科川を釣っているので、あの川では出漁者が多く、釣った留守へすぐ入り込む、富士川もそうで、上下から挟み撃ちにする。

佐藤　町長さん、私も日本中広く歩いたけれども、中島さんのように上手な人はいないと思います。姿がよく静かで、無理がなく、よくたくさんとる、こんな人は二人と出会わなかった、どうして上手かというと……わからない……。

野田　結局、静かに釣るためではないでしょうか、普通の人はヘチで釣っていてもすぐに深みに入ってしまう。これは性分で私などもそうですが……。

　それから中島さんの出アユの話がありましたが、深みにいる出アユは釣ってみるとヒレ、腹が黄色ですからすぐわかるけれども、オトリとして使用すると、すぐ同じ色になってしまいます。

中島　そして体が偏平気味で丸みが少ない。そして出アユは浅いほうへ、浅いほうへと寄ってくるから一ヵ所で数が釣れることになる。

佐藤　オトリの扱い方は、遊ばせる気持ちは……。

中島　あれは鼻づらを上げると、深く潜ろうとする。左へねじると右へ、右へねじると左へ、すべて反対へ、反対へと動くものです。そしてオトリアユがじっとしていて、活動しようとする、その時にアユが跳びかかってきて、掛かるもので、オトリを始終活動させるのが「コツ」でしょう。それには、水底にオトリが沈んでいればサオ先を立てて、サオ先とオトリの間のイトにたるみがなくオトリがいつも活動している。そのためにアユの掛かりが非常によい。

佐藤　誰でも遊ばせようとするが……それが、なかなかできない。中島さんばかりよく釣れるのです。一つの場所でどんどん掛かる。歩かないで一ヵ所で二十、三十も釣ってしまう。その場合、その場所でいくつくらいいるか見当がつきますか。

中島　私の体が動かなくともサオが四間一尺五寸（注：約7・6ｍ）、イトが四間四尺（注：約8・4ｍ）で八間五尺五寸（注：約16ｍ）の範囲を釣ることになる。一ヵ所で数釣るような場所はトロですから、オトリの活動する場所はすこぶる広範囲で、出アユは一つの石にいくつかの魚が寄っているからいくつも釣れます。

佐藤　尻尾の先のハリの間隔の伸縮（注：タラシ幅）について。

中島　私のやり方は小さいオトリの場合にはつめる。大きい時はその三倍も伸ばす。ただし多く伸ばしても尾の端から五分（注：約1・5㎝）くらい。小さい場合はハリの結び目と尾の端がすれすれになるようにしています。

　瀬とトロでは、トロの時は間隔をつめ、瀬は伸ばします。それから魚の大小による、ハナカン、逆バリのたるみは逆バリで調節する。つまり、ゆるみのある場合は外れると困るから、胸（注：尻?）ビレ深く、肉の部分に刺して外れにくいようにする。

野田　一番大事なことは上手な釣り人ほどサオを立ててオトリを潜らせる。遠くで見ていても、釣った魚をとること、サオの立て方で上手がわかります。

中島　オトリが潜らねばオモリを付ける。オモリを付けるとオトリの活動がにぶるから、なるたけ付けぬようにしますが、付ける際はハナカンから五、六寸（注：15〜18㎝）のところに付ける。それから魚を掛けてから下手な人ほど早く魚をとるし、一度近くに寄せた魚を二度と遠方へ出さぬ。皆さんお釣りなっているので申し上げるまでもないが、掛かりぐあいでどうするか、あえていろいろ申し上げれば、尾に掛かった魚は、ピシャピシャと一気に引き寄せてしまう。口に掛かった魚はイトをたるませずピタピタと流してとる。胸、腹に掛かった魚は早くとると切れる。背に掛かった魚はアユの向きを見て、自分の手先へ引きつけるようにサオを寝かせる。掛かりアユによって、上げ方が異なるわけで同じ方法では大変手間取るわけであります。

佐藤　大変けっこうなお話をおうかがいしました。いつまで話をしていても、つきることがありませんから、このへんで終わりにしたいと思います。どうもありがとうございました。

近年再び注目されるチョウバリ。逆バリ誕生に密接に係わっていたという

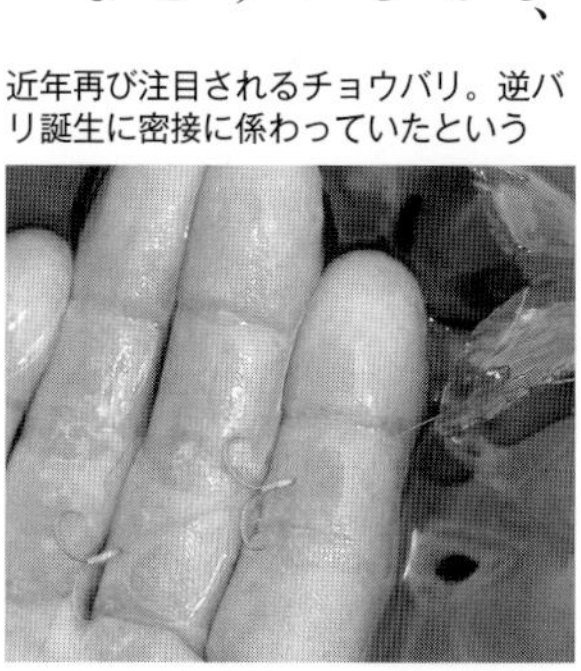

あとがき

転勤先の静岡では最初にエサ釣り、次に毛バリ釣りを教わりましたが、先輩達のように束釣りができるようになるまでには数年かかりました。エサも毛バリも釣れるアユは小ぶりが多く、盛夏には釣果が激減するのが常でした。友釣りなら大きなアユが釣れると聞き、釣具屋さんで道具を揃え、お店のご主人の説明を聞き、釣りの本を読み、天竜川支流の気田川のさらに支流の杉川へ出かけ、自己流で始めました。何とか形になってきた頃、職場にも友釣りファンがいることが分かり、その先輩達に連れて行ってもらい多くのことを教えてもらうようになりました。

先輩達が静岡県東部の安倍川、興津川、狩野川や愛知県・岐阜県の豊川、矢作川、飛騨川、木曽川、長良川などの本支流へ遠征する際には末席に加えてもらい、種々さまざまのことを吸収。おかげで、小河川のチャラ瀬から大河川の荒瀬までたいがいの所で楽しめるようになり、初夏から晩秋まで友釣り一辺倒という状況が今も続いているわけです。

これまでに出会った先輩や地元の老人たちに教わったことや見聞きしたこと、本を読んだり調べたりしたことなどを、（都会の）これから友釣りを始める人たちの参考になればとまとめたホームページを「つり人社」の方々の目にとめてもらっただけでも、日曜釣り師冥利に尽きると感激しましたが、それを本にしてもらえることになり、感謝に堪えません。

このたび出版に際しては、鈴木康友社長、別冊編集部佐藤一裕編集長には大変お世話になり、別冊編集部若野利寛さんにはひとかたならぬお骨折りをいただき、心から感謝いたします。

吉原孝利

アユ友釣りの歴史をその発祥から現代まで一冊の書籍で俯瞰する——。この大胆な試みを可能にしたのは、何といっても吉原孝利氏が一つひとつ蒐集し編纂した〝本編の力〟にほかなりません。現在知り得るかぎりの古文献にあたり、それを明快なひとつの流れとして組み立てた本編は誰が目にしても分かりやすく、適所に付された資料文献と相まって知的釣魚心を大いに刺激する内容であることに異論のないことでしょう。

この釣りの文化をきちんと後世に残すためには、トーナメンターから初心者レベルまですべての人たちのヒエラルキーをきちんと作ることが大切だと思います。子どもはやはり川で泳ぎ、魚を突いて、それから釣りに入るのが古くからの習わしでした。おじいさんになってからも近所の川で遊べる釣り。自然とそうなってくれればと思っていますが、そのためにはもっと根本的なところを変えないといけません。

経営破たんしている漁協をどうするか、ということもそのひとつです。

私は「釣り人による釣り人のための河川管理」を提案し続けています。たとえばアユの全国大会で活躍した著名な釣り人が漁協の組合長になり、魚の病気や放流に関しても漁協同士で相談し合って情報交換すれば（今はそれがほぼゼロ）、釣り人にとってはよい方向に向かうのではないでしょうか。なるべく次の世代のために漁協の役員になって、よい環境、よい釣り場作り、よい魚作りのために尽力をしてほしいと思っています。

そして金森直治氏がご提供くださった浮世絵や釣り場案内がアユの季節到来を告げた時代のように、心のびやかにアユと向き合える清流がいつまでも夏の太陽の下に輝くことを祈念してやみません。

鈴木康友

本書を制作するにあたり左記の書籍を参考にさせていただきました。
謹んでお礼申し上げます。

【参考文献・引用文献】

天野敬訳『釣りの原典』博品社
井伏鱒二著『釣師・釣場』新潮社
上田尚著『釣り方図解』文化生活研究会
大瀧圭之助等著『日本魚類図説』襟華房
佐藤垢石著『つり姿』鶴書房
佐藤垢石著『鮎の友釣』萬有社
津軽采女著『何羨録』
常盤茂雄『釣り文化』12号14号 釣り文化協会
藤田栄吉著『鮎を釣るまで』博文館
益田甫編『鮎釣』水産社
村上静人著『鮎の友釣』元光社
『日本水産捕採誌』農商務省水産局
『アユ 生態と釣法』世界文化社

著者プロフィール
吉原孝利（よしはら　たかとし）

１９４２（昭和17）年北海道生まれ。大学卒業まで北海道で過ごす。就職で上京。１９７０年代に転勤で静岡県西部に転居し、初めてアユ釣りに出会う。静岡県在住時代に地元アユ釣りの先輩達に各種のアユ釣り（エサ釣り、毛バリ釣り、ゴロビキ、友釣り）を教わる。１９８０年代後半に転勤で横浜市に転居。退職後、２００３年１月に友釣りホームページ「友釣 酔狂夢譚」開設。全国の有名アユ河川でサオをだす目標を立て、毎年梅雨明け後キャンプ道具を車に積み、釣友と１～３週間の“アユ釣り＆キャンプの旅”を楽しむ。２００９年九州のアユ河川を巡り、目標をほぼ達成。

鈴木康友（すずき　やすとも）

１９４９（昭和24）年東京生まれ。１９７１（昭和46）年（株）つり人社入社。『月刊つり人』編集に携わり、のちに編集長として幅広い釣りジャンルを取材するかたわらバスフィッシング専門誌『Basser』（１９８６年／昭和61年）、フライフィッシング専門誌『FiyFisher』（１９８８年／昭和63年）を創刊し、編集長を兼任。友釣り専門誌に関しては『別冊　鮎釣り』（１９８５年／昭和60年）、『鮎マスターズ』（１９８７年／昭和６２年）創刊を手がける。１９９６（平成８年）代表取締役社長に就任。日本釣りジャーナリスト協議会会長、財団法人日本釣振興会常任理事・環境委員会委員長、日本友釣会連盟理事、日本友釣同好会副会長。

鮎友釣りの歴史

2014年4月1日発行

著　者　吉原孝利　鈴木康友
発行者　鈴木康友
発行所　株式会社つり人社

〒101－8408　東京都千代田区神田神保町１－30－13
TEL 03－3294－0781（営業部）
TEL 03－3294－0806（編集部）
振替 00110－7－70582
印刷・製本　図書印刷株式会社

乱丁、落丁などありましたらお取り替えいたします。

ISBN978-4-86447-047-6 C2075
つり人社ホームページ　http://www.tsuribito.co.jp